孩子不善言辞，妈妈怎么办

鲁鹏程 著

华中师范大学出版社

新出图证（鄂）字 10 号

图书在版编目（CIP）数据

孩子不善言辞，妈妈怎么办 / 鲁鹏程著. —武汉：华中师范大学出版社，2012.9

ISBN 978-7-5622-5650-2

Ⅰ.①孩… Ⅱ.①鲁… Ⅲ.①语言表达—家庭教育 Ⅳ.① G78

中国版本图书馆 CIP 数据核字（2012）第 175173 号

孩子不善言辞，妈妈怎么办

鲁鹏程 著

出品人：范 军
总策划：段仁国
责任编辑：胡 维 齐 迹
责任校对：李 玲
编辑室：对外合作部
电 话：027-67867370
出版发行：华中师范大学出版社
选题策划：北京快乐共享文化发展有限公司
电 话：010-63703381（发行）
社 址：湖北省武汉市珞喻路 152 号
邮 编：430079
电 话：027-67863040（发行）
传 真：027-67863291
网 址：http://press.ccnu.edu.cn
电子信箱：hschs@public.wh.hb.cn
经 销：全国新华书店
印 刷：北京画中画印刷有限公司
字 数：260 千字
开 本：710mm×1000mm 1/16
印 张：16.5
版 次：2012 年 9 月第 1 版
印 次：2013 年 6 月第 2 次 印刷
定 价：29.80 元

欢迎上网查询、购书

前 言

美国著名成功大师卡耐基曾经说过：“一个人的成功，约有 15% 取决于知识和能力，85% 取决于处理人际关系的能力。”可见，人际关系的处理能力对一个人的成功是非常关键的。而人际关系的处理离不开沟通，而沟通则在很大程度上需要语言表达，也就是要善言辞。

自古以来，人们就对“言辞表达”有很深的认知。如《周易·家人》提到：“君子以言有物而行有恒。”2500 多年前，孔子的教诲重视四个学问，也就是孔门四科：德行、言语、政事和文学。言语摆在德行的后面，重要程度仅次于德行。《战国策·东周》中提道：“三寸之舌，强于百万雄兵；一人之辩，重于九鼎之宝。”《增广贤文》里也讲：“好言一句三冬暖，恶语伤人六月寒。”当然，还有很多。那么我们看，言语重不重要？言辞表达重不重要？非常重要，正所谓“一言可以兴邦，一言也可以丧邦”。

对于一个人来说，一言不慎，可能就会身败名裂，成为众矢之的。相反，如果言语谨慎、机智幽默，则能轻松驾驭语言，从而事事通达。所以，语言表达，也就是好的口才力，无论是对成人，还是对孩子来说，都是非常重要的。

遗憾的是，今天很多妈妈却感叹道：为什么我的孩子那么不爱说话？为什么我的孩子一说话就脸红，就不知所措？为什么我的孩子上课不敢举手回答问题？为什么我的孩子在众人面前一句话也不敢说？为什么我的孩子如此不善言辞？……

其实，这就是表达能力的问题，甚至可以说是“说话”的问题。如果孩子不善言辞表达，或是会表达，但却表达不当的话，那他成长的道路上的障碍就会更多一些，他就会承受一些不必要的挫折，他会处处碰壁，不受人欢迎，对未来的事业、人生会有比较大的负面影响。所以，妈妈要培养敢说话、能说话、会说话的孩子。

说话是一种能力，更是一种资本。孩子从小能说会道，将关系到他的人际交往、性格的塑造、人格的培养、缜密思维的锻炼、强大自信心的形成等诸多方面的发展。一个具备良好表达能力的孩子，才能适时地施展自己的才华，更加自信地走好人生的每一步，赢得好的机遇……

言辞表达，是连接人们心灵之间的桥梁，是成功者必备的能力和素质。所以，妈妈要从孩子小的时候就重视培养他的好口才，增强他的语言表达能力，为他铺就一条通向未来成功的平坦大道。

为了帮助更多的妈妈培养孩子的表达力，让孩子学会正确表达自己，善于言辞，我们特别策划创作了这本《孩子不善言辞，妈妈怎么办》。本书从9个方面，全面总结了培养孩子表达能力的100个细节，并结合生活中的实际案例，给出了具体的培养方法。

本书案例精当，说理文字凝练易懂，建议方法实用有效。相信，本书是妈妈培养孩子言辞表达能力的最佳教程，一定能为妈妈培养善于言辞表达的孩子助一臂之力。

目 录

第一章 表达力是孩子一生的财富

一个人怎样让别人更快地明白他的想法？最直接也是最简答的方法就是“表达”。这样他人才能清楚地明白他的意见、愿望、感情。既然表达力在生活中可以发挥如此重要的作用，那么我们从孩子小时候起就应该加强对他表达力的培养，让他也成为一个会表达的人。

第二章 在交流中提高孩子的表达力

研究表明，孩子获得的词汇量的多少，很大程度上取决于父母与孩子说话的次数。孩子掌握的词汇量越多，他的表达能力发展得就越快。因此，我们要为孩子营造良好的交流环境，让他有时间和对象倾诉自己的心声，从而提高他的表达力。

第三章　父母怎样听，孩子才肯说

在与孩子相处的过程中，我们忽略了一件非常重要的事——倾听。在孩子的成长过程中，他最佳的倾诉对象就是作为父母的我们。所以我们在与孩子交流的过程中，重要的不是对他说什么，而是听他说什么。只有善于倾听的父母，才能培养出善于表达的孩子。

第四章　对孩子的表达力进行强化训练

口才并不是天赋所决定的，表达力也需要经过长期训练才能有所提升。所以，为了能让孩子变得口齿伶俐，拥有优秀的口才，我们就要对他的表达力进行强化训练。我们需要根据孩子的特点选择有针对性的训练方法，这样他的表达能力才能得到根本的提升。

第五章　教孩子克服表达的恐惧心理

在表达自我的时候，很多人都会有恐惧心理，对于表达能力较弱的孩子来说更是如此。一旦孩子对表达有恐惧心理，就无法顺畅地说出自己的看法和观点，不仅会阻碍表达能力的发展，还会影响他的人际交往。因此，我们务必要教孩子克服表达恐惧心理。

第六章　让孩子珍惜在学校的表达机会

孩子的表达能力不是与生俱来的，而是在平时生活中锻炼出来的。而学校无疑给孩子提供了很多锻炼口才的机会。比如，课堂上的积极发言，学校的演讲比赛、辩论会，竞选学校的电台播音员，各种比赛、活动的主持人等，这些无一不是孩子锻炼口才的机会。

第七章　培养孩子强大的沟通能力

孩子的沟通能力强，就可以在任何情况下都不会怯场，都能大大方方地、有礼有度地与他人进行沟通与交流。这不但能为他赢得一个良好的人际关系，还有助于让他的表达力更上一层楼，使他善言辞，甚至会让他本身更具魅力。

第八章　帮孩子改掉不良的说话习惯

俗话说：“习惯成自然。”孩子一旦养成了习惯，就变成了很自然的事情，恐怕就很难以改变了。如果孩子养成了不良的说话习惯，不仅会影响他的形象，还会因为表达不当而影响人际关系的发展。所以，我们一定要帮助孩子改掉一些不良的说话习惯。

第九章　给孩子传授说服他人的技巧

与人交往中，孩子可能会遇到需要说服他人的情况。说服也是一种表达，如果没有掌握技巧，那么说服到最后可能不是不起作用就是转而变成了争吵。所以，我们也要向孩子传授说服他人的技巧，这也同样是在培养他的好口才，使他的话语能真正让人心服口服。

第一章
表达力是孩子一生的财富

一个人怎样让别人更快地明白他的想法？最直接也最简单的方法就是“表达”。这样他人才能清楚地明白他的意见、愿望、感情。既然表达力在生活中可以发挥如此重要的作用，那么我们从孩子小时候起就应该加强对其表达力的培养，让他也成为一个会表达的人。

1 好的表达力给孩子带来人气

所谓表达力，就是用外部的行为，比如语言、神态、动作等将人的思想表达出来的能力。而我们使用最多的表达方式，就是借助语言的表达。

语言是一种极为独特且重要的交际工具，正是由于有了语言的存在，知识才能一代又一代地传承下去，人类才能更好地发展与进步。也正是由于有了语言，人与人之间才能交流沟通，互相之间才能建立起良好的关系。可以说，人类的起源、发展以及进步与语言的关系极大，如果没有语言这种工具，人类文明也不可能有如此大的发展。

但说话也要讲求艺术，好的表达才能让语言发挥出更大的作用。同样是说话，有的孩子一张嘴就能抓住他人的注意力，让人更愿意听他说、和他亲近；但有的孩子恰恰相反，他说出来的话不仅语无伦次，而且不合时宜，在他人听来就像噪声，容易招致他人的不快。显然，前一种孩子会受到更多人的喜爱，而后一种孩子只会让人逐渐疏远。

所以，表达力会决定孩子的人气。一位妈妈对这一点感触颇深：

随着新房装修完毕，我们全家搬进了一个陌生的小区。虽然一家人都为住进宽敞明亮的新房而感到开心，但同时我也有些隐隐的担心，我怕8岁的女儿到了一个全新的环境会感到孤单，要是找不到小伙伴她该多难过啊！可是很快，我发现自己的担心是多余的。

原来，女儿嘴很甜，看见有年龄相仿的孩子，她都会主动上前打招呼；如果看见比自己年龄大的，她就“哥哥”、“姐姐”地叫个不停。

有一次，我接女儿放学回家，路上给她买了几个苹果。刚进小区门口，我们就看见一个小姑娘正因为受了妈妈的批评而委屈地大哭。女儿看了一会儿，就从袋子里掏出了一个红苹果走了过去，安慰她说："别哭了，妈妈也是心疼你啊！你看，你的脸哭得都和红苹果一样了，不过我觉得如果你不哭一定更好看。这个苹果给你吃，笑一笑吧！"神奇的是，那小姑娘当时哭的声音就小了下去，过一会儿就破涕为笑了。随即，两个小姑娘互相交换了姓名、地址，也就几分钟的时间，女儿就又多了一个朋友。

后来我发现，女儿之所以能在很短的时间里认识那么多朋友，就是因为她有一个好"口才"，善于表达自己的意思，才让更多的人更愿意与她亲近。

其实每个孩子都希望自己能有更多的朋友，如果他像故事中的女儿一样拥有好口才，那么他也可以轻易打开他人的心灵之门，通过表达自己，通过与其他孩子的沟通交流，为自己获得更为融洽的人际关系。

因此，我们要重视对孩子表达能力的培养，并要积极采取有效的措施来训练孩子的表达能力。

比如，我们让孩子学会有条理地说话，让他能清晰地表达自己的意图和情感，当孩子能很好地向他人表达自己时，他也就能交到更多的朋友。

还比如，我们也要教孩子掌握说话的时机，也就是提醒他说话看场合，让他的话语不要不合时宜，不要给他人带来困扰，说话要讲究分寸。

另外，我们还要提醒孩子注意各种话语细节，要掌握更多说话的艺术。

……

培养孩子的表达能力并不是一朝一夕的事情，我们要有耐心，要言传身教相结合。这样才能使孩子的表达能力逐渐得到提升，而他在良好表达能力的帮助下，也就会建立起更加稳固的人际关系，同时他也能在这样温馨融洽的环境中更加愉快地生活与学习。

2 表达力要靠后天的训练

并不是所有的孩子都拥有良好的表达能力，有的孩子很会说，说起话来头头是道；有的孩子则显得嘴很笨，憋半天可能也说不出几个字。很多妈妈觉得，孩子话少，那是他的性格所致，天生就话少、沉闷。但其实，孩子的表达力是需要后天训练的。

有人曾经讲过这样一件事：

有一次，我去一位朋友家串门，朋友很热情，拿出来很多糖果招待我。正说话的时候，朋友的女儿走了出来，朋友忙叫她过来打招呼。可小姑娘看了我一眼，扭捏了几下，随即就只注意桌子上的糖果了。

我一眼就看出来小姑娘想要吃东西，于是就问她："想吃什么？"

她依然不说话，只是不停地用眼睛看着她的妈妈。朋友也许是觉得不好意思，忙抓起两块糖塞给了女儿，然后一边推她一边跟我说："我这丫头就是天生嘴笨，什么都说不出来。"

后来，朋友的女儿又出来了几次，但依然不说话，可明显又是一副想要表达点什么的样子，看得我都着急了。

朋友最终说了女儿几句，她才没再走出自己的房间。接着，朋友忍不住对我抱怨道："我头疼死了！她每次都这样，让她说话比登天都难。有时候好容易说出来了吧，又不知道她在说什么。唉！"

我问她："平时有没有对孩子进行过表达方面的训练？"

朋友一愣："训练？说话还用训练？我觉得我女儿就是嘴笨的料儿，估计训练也不管用。”

我恍然大悟，朋友忽略了对孩子后天表达能力的训练，再加上经常训斥她嘴笨，这才使这个小姑娘变得越来越不爱说，也越来越不会说。

其实仔细想一下，说话能力可不就是后天训练出来的吗？如果没有我们一遍又一遍地教孩子说出那些字词句，如果没有我们一次又一次地在他耳边重复那些话语，想必他也学不会说话。因此，要培养孩子的表达能力，后天的训练必不可少。

●别根据孩子的手势、表情来猜测他的需要

生活中经常有这样的情景出现：

一看孩子手指着什么东西，妈妈就立刻跑过去给拿过来，如果妈妈拿错了孩子就会哭闹，然后妈妈就一个挨一个地指过去，并询问孩子“要这个？还是这个？”直到他点头伸手要为止。

如果我们如此“热衷”于对孩子进行察言观色的话，那么他的表达能力也会在不知不觉中退化。所以，当孩子表现出想要什么、想做什么的意愿时，那么我们就要鼓励他说出来，如果他不说，我们可以假装看不见。假如他因此闹了起来，我们则要保持内心平静，并告诉他：“说出来，只要告诉我你要干什么，我就答应你。”经过这样的反复训练后，孩子很快能用语言来表达自己的意图。

●锻炼孩子脸部与发音有关的肌肉

人的手都是越用越灵活，其实嘴也是如此。平时我们可以有意识地带孩子进行一些能调动全身肌肉的训练，比如和他一起做做全身体操，或者与他一起在外面跑跑跳跳，和他一起说笑，使他全身各处的肌肉都被调动起来。

同时，我们也可以和孩子玩一玩吐舌头扮鬼脸、吹气球、模仿其他声音等游戏，这除了让孩子的脸部肌肉得到锻炼之外，还能练习他唇舌的灵活性。而我们在和孩子说话时，也要尽量保持口齿清晰，最好一字一句都能让孩子听清楚。

●循序渐进地进行表达能力的训练

孩子最初的表达可能只是一个字、一个词，接着会说一些简短的句子，再之后才是较复杂的句子。由此可见，对孩子进行表达能力的训练也是一个循序渐进的过程，所以我们不要太过着急。

尤其是在最初，孩子的表达可能是断断续续的，我们要耐心一些，鼓励他将自己能想到的、可以说出来的字词都表达出来。而随着孩子能说的话越来越连贯，我们就要鼓励他将自己的意思表达完整。对于孩子的需要，我们可以不那么急于满足他，而是等他相对正确完整地表达出来之后，再去满足他。

3 父母要做孩子表达力的训练师

我们都知道，若要学习语言，环境最重要，而由家庭创造出来的语言环境，更是会对孩子表达能力的培养产生举足轻重的影响。

男孩上小学 3 年级，按理说，这个年龄的孩子正是喜欢叽叽喳喳、爱说爱闹的时候，可男孩却恰恰缺少这些表现。平时在学校，他从来都不主动与任何同学说话，即便有人找他玩，他也是默默地在一旁或听或看，从来不发表任何意见，以至于很多时候大家都忘记了还有他这么一个人；而在家他也不怎么说话，总是看动画片，或者看看书、玩玩具。

原来，爸爸妈妈一直忙于工作，每天除了照顾男孩基本的生活，他们几乎没有时间陪在他身边。即便是下了班回到家，也会因为工作的劳累而懒得和男孩沟通，更会由于工作上带来的烦心事而没有耐心听男孩说话。

久而久之，男孩变成了一个内向、不爱开口说话的孩子。

孩子的表达力也需要训练，我们则是他最好的训练师，如果我们从一开始就没有重视这一点，那么我们就会错过培养孩子语言能力的关键期；如果我们对他疏于训练，那么他的表达能力发展就会变得迟缓，甚至停滞、倒退。

鉴于此，我们从最初教孩子说话时，就要为他创造一个合适的表达训练环境，使他得到良好的语言启蒙。

●我们自己要有良好的表达能力

很多时候，孩子运用语言表达时的表现，往往就是父母的翻版。所以，如果我们有良好的表达能力，那么孩子也会受到熏陶，他的表达能力也不会很弱；相反地，假如我们自己在表达时都磕磕绊绊，那么孩子生活在这样的环境中，也可能会模仿我们的说话方式。

所以，我们平时说话时就要注意自己的表达，尤其是在孩子面前，不仅字词句都要说清楚，一句话或一段话的前后逻辑关系也要尽量清楚明白，这样创造出来的语言环境才是规范正确的。

●有训练孩子表达能力的意识

有的妈妈对孩子说的话要么不在意，要么觉得很烦躁，尤其是在孩子表达不清时，她可能还会对孩子说“闭嘴”，或者训斥他。结果，孩子可能就因为怕训斥而不再多说。而妈妈却还以为这是孩子变乖了，听话了。

显然，我们如果抱着这样的态度，孩子的表达能力是得不到训练的。所以，我们应该要有训练孩子表达能力的意识，无论孩子说什么、说得怎么样，我们都要鼓励他说出来，如果听不太清，我们可以和他多些言语互动，引导他将话说得更加准确、完整。

●对孩子的口才训练要循序渐进且持之以恒

训练孩子的口才并不是一朝一夕的小事，我们这个“训练师”的职位，要有长期做下去的准备。在这个过程中，我们要对孩子进行逐步培养，从最开始的让他敢于开口，到他能基本完整地表达，再到他能流畅地说出自己的意愿，直到他最终能将语言完全为自己所用。

也就是说，我们最初先要加强孩子的心理素质，鼓励他“敢于开口”，让他能将话说出来；接着就要教他说话的基本功，使他能将自己的意思完整地表达出来；然后还要向他传授一些表达技巧，让他能更加艺术地表达自己的想法；另外，我们还要经常提醒孩子注意纠正一些错误的表达方式，并多给他讲讲好口才的重要性，使他能产生主动提升自己口才的意识。

●经常与孩子进行沟通交流

和孩子聊天是训练他表达的最主要方法之一。我们应该鼓励他将自己的所见所闻讲出来，同时我们也要多提几个问题来激起他的思考。

孩子说得兴致盎然的时候，我们最好不要突然打断。不过，当他说完一段话之后，我们可以适当地提醒他回忆一下自己刚才所讲的内容是否条理清楚，遣词用句是不是恰当，语言是不是流畅。或者我们也可以向他表达一下我们对他所讲内容的看法，委婉地给他提提意见，鼓励他用正确的方式、语句来将自己想要表达的内容表达清楚。

当然，这个沟通交流的目的是要训练孩子的表达能力，所以我们不要只顾着说教，要多给孩子说的时间，我们则要少说一些。只要能和孩子流畅地对话，并提醒他注意说话的要点就可以了，我们千万不要将这样的交流变成自己单方面的训教。

4 发掘孩子的表达天赋与潜能

关于表达，有的孩子就是有一种与生俱来的天赋，比如，他很早就开始说话了，有强烈的说话欲望，而且说话内容也很丰富，喜欢给别人讲故事，对诗歌、广告词之类的文字记得很快，等等。当孩子身上出现了这种种表现时，正是他的表达潜能在萌芽，此时我们就要抓住机会，及时发掘他的表达天赋。

妈妈一直觉得上小学的儿子话太多，每次放学一回家，他的“话匣子”就打开了，而且总也关不上。他什么都说，从老师到同学到教室再到操场，甚至学校小花园里种了朵小花他也说个不停。

妈妈原本喜静，并不爱讲话，有好几次她都心烦地说：“闭嘴！能不能让我安静一会儿！”但每次儿子都只安静5分钟，然后就又开始了，他的表达欲望相当强烈。

终于有一次，妈妈忍无可忍了，她忽然提高了声调说：“烦不烦啊！再多话就让你爸爸揍你！”儿子果然还是害怕爸爸的巴掌，安生了许多。

后来，妈妈抓住了规律，只要儿子又没完没了地说话，她就将儿子的爸爸搬出来，儿子果然变得安静了。可妈妈发现，随着说话的减少，儿子的笑容也减少了，总是自己一个人躲在一个角落里一声不吭。而且，儿子后来已经不是不主动说话了，就算有人问话，他也半天开不了口，这时妈妈才猛然醒悟自己之前的教育方式出了问题……

孩子喜欢说话，这恰恰是他爱思考的表现，同时也是在锻炼表达力。所以，我们不能像这位妈妈一样，轻易就压抑了孩子说话的欲望，而是应该给予他鼓励，帮他将表达的天赋与潜能尽情发挥出来。

●多给孩子讲话的机会

如果孩子有表达的欲望，那么我们不妨专门找出时间来和他聊聊天，围绕一个话题和他认真地谈下去。但是，我们也要提醒孩子不能随便就改变话题，而是要将一件事说完之后再说另一件事。时间长了，孩子自然会形成有条理说话的习惯。

另外，不管什么事情，只要感兴趣，孩子都会想要发表些自己的想法，我们也不要阻止他，可以允许他说一说，给他表达自己的机会。

如果他说出了精彩的字词句，我们要及时表扬；如果他说出了完整且有内容的话，我们要给予鼓励，这是对他表达能力的一种肯定。

●引导孩子记忆有意义的文字

刚上小学的女儿最近对电视上的广告词很感兴趣，类似于“头屑去无踪，秀发更出众”的广告词，她经常是脱口而出。见此情景，妈妈便买来了《三字经》、《弟子规》和《唐诗三百首》。没事的时候，妈妈就和女儿一起读，很快女儿口中的广告词少了，取而代之的是一句又一句优雅动听的古诗文。

有表达天赋的孩子对语言会十分敏感，所以如果听到有韵律的诗歌和朗朗上口的广告词，他很快就能记住，并不断地重复。

鉴于此，我们就可以引导孩子多去记忆一些有意义的文字，比如类似前面提到的《弟子规》、《三字经》、《论语》等优美的古诗文、健康向上的儿歌等。这些精练优美的诗文诗句，会成为孩子语言表达的素材与修饰，并提升他表达的意境。尤其是一些古诗词，或带有韵律感的古文，更会陶冶孩子的情操，还能净化他的心灵。

●教孩子初步建立说话原则

孩子表达天赋的最初表现，就是不分场合什么都说，但这也会带来一些麻烦，比如有些场合需要安静，如果孩子不断地大声嚷叫，也会招来他人的厌烦。

因此，我们要用简单易懂的语言告诉孩子，表达的确是一种沟通方式，但也要有规矩，他不能想说就说。可以提醒孩子注意一下我们平时都是怎么说话的，让他看看我们讲话的时机、内容，以及说话的方式，并适时给他讲讲我们为什么要那样做，帮他建立起一个初步的说话原则。

5 好的表达力不是耍贫嘴

耍贫嘴，是指总是说废话或者乱开玩笑，要不就故意没话找话，用语言讨好或者耍赖皮。而很多孩子在妈妈看来就显得贫嘴得很，一位妈妈就说：

我儿子，别提了！嘴那叫一个贫。

他只要在家，嘴就没闲着的时候，一整天叽叽喳喳个不停，看见什么说什么。有时候一丁点小事他也能说半天。上次，他爸爸说话就是说错了个音调，这把他给乐的，没事儿就学他爸那说错了的音调，还没完没了地学。我们都不觉得有什么，他自己在那儿笑得肚子疼。

不仅如此，他还是人来疯，家里要是来了客人，如果是他认识的，他就开始跟人家耍贫嘴，说一些不着边际的话，有时候我们都觉得很不好意思。

看到有人说要培养孩子的表达能力，我儿子都贫嘴成这个样子了，我觉得我都不用刻意去培养他，他那贫嘴已经够得上是“口才”了。

很多妈妈也有过类似的认知，认为孩子只要是贫嘴，那口才都不错，所以不用刻意培养。但事实并非如此。有的孩子虽然在家人面前显得很贫嘴、话很多，但是一到了人多的地方，却又丝毫没有在家那么健谈，而这就是孩子表达能力欠缺的表现。因为孩子在家里可以说得肆无忌惮，家人也不会在意他说得有没有逻辑，他往往想到哪里就说到哪里。但在外面就不同了，外面的人可能会对他说话的内容有所在意，他会害怕自己说错了受到他人的指责，所以他才不敢开口。

所以，贫嘴并不代表孩子拥有真正好的表达能力，真正的好口才不仅仅是能说，还要会说，更要说得准确到位。我们只有走出这个认识误区，才能将孩子培养成巧嘴的天使。

●别随便批评孩子的“贫嘴”

孩子贫嘴时，也许会没完没了地说，也许会显得很闹，但我们不要因此就训斥他，可以仔细听听他说的话中都有哪些内容，然后抓住其中一个内容趁势和他展开讨论，以此来帮他聚敛思维，使他不再漫无边际地耍贫嘴。在说话过程中，我们要尽量说一些有条理且次序清晰的话，这也是在给孩子提供一个参考学习的范本。

如果孩子开始说起了无聊的笑话，我们可以对其冷处理，这样他自己很快也会觉得无趣，从而慢慢不再说这样的话。

●引导孩子把握贫嘴与幽默的界限

有的孩子喜欢在家人面前耍贫嘴，其实他可能并没有什么恶意，只是想要向家人展示一下自己的幽默而已。但显然他将幽默与贫嘴相混淆了。此时，我们就要告诉他，讲无聊的笑话或者不断地搞怪并不是幽默，真正的幽默不仅会让人发笑也能带给人深思，可以给他讲讲马克·吐温、爱因斯坦等名人的幽默故事，让他体会真正的幽默的魅力。

●少让孩子接触贫嘴的节目

现今的电视节目可谓五花八门，有一种娱乐节目的语言风格就是插科打诨，看似逗笑的话语有时听来却有些贫嘴。这样的节目很热闹，偶尔娱乐一下就可以了，不要让孩子总是以此为消遣，否则久而久之，他就会因为模仿而变得越发贫嘴。

所以，我们自己也要少看一些类似的节目，对于格调不高的节目内容少关注甚至不去关注。如果要看电视，完全可以和孩子一起看看科教知识类的节目，或者转而去和他一起读读书、做做亲子游戏。

当然，这种节目的出现也是我们无法避免的，但我们和孩子都要以一种简单娱乐的心态去看待。相信随着孩子不断学习，欣赏水平的不断提高，他自己就会主动不去看这类节目了。

6 抓住培养孩子表达力的关键期

孩子的成长有诸多敏感期，比如语言敏感期、秩序敏感期、感官敏感期等等。其实，孩子的表达力也有培养关键期，这就是幼儿时期。心理学家经过长期的研究发现，这个时期正是孩子掌握语音、语调、措辞、表达方式等的关键时期。如果我们能了解孩子口才发展的特点，并抓住这些关键期，对孩子进行耐心引导与教育，那么就一定可以培养出拥有优秀表达能力的孩子。

女孩刚出生不久，由于爸爸妈妈工作繁忙，她便被送到了乡下的奶奶家里。等到女孩长到了3岁，妈妈才将她又接了回来。但这时的女孩已是满口的乡音，说起话来嗓门也大，还经常问一些在妈妈看来“很土”的问题。

有时，妈妈觉得不耐烦了，就训斥女孩“别说家乡话”，或者训她“不许问那么多”。女孩受了惊吓，便慢慢地不再多说话了。

后来，妈妈将女孩送进了幼儿园，她时不时蹦出来的家乡话受到了其他小朋友的嘲笑。结果，女孩更加“坚定”了一个认知，那就是“自己不能说话，一说话就是错的”。结果，她变得越来越内向，越来越不爱说话了。

女孩的变化让妈妈也有些着急了，她这才意识到对孩子表达能力的培养有多么重要，但遗憾的是，女孩已经形成了自卑、胆小的个性，不管妈妈怎么训练，她的表达依然差强人意。

显然，这位妈妈错过了对孩子进行口才训练的关键期，这才使孩子在语言发展的最初阶段里出现了问题，进而在后来产生语言障碍。

可见，抓住培养孩子表达能力的关键期有多么重要。我们要相信孩子在口才方面有无限的潜能，要在这个关键时期里对他耐心启发训练，这才能为孩子语言能力的发展开一个好头。

●别放过孩子口才发展的预备期

0~1 岁是孩子口才发展的预备期，这时他开始学习简单发音，并对各种音节进行初步的理解，因此此时又称为“先声期”。在这个时期，孩子有时会表现出倾听的样子，有人跟他说话他就会表现得精神愉悦。所以，从此时开始，我们就要有意识地多和孩子说话。

比如，在给孩子喂奶、换尿布、哄他睡觉、带他散步时，我们就可以多和他说说话，用充满爱的眼神凝视他，用充满爱的动作抚慰他。

7~8 个月时，有的孩子已经开始学着说出“爸爸”、“妈妈”这样的话了，等到 9 个月以后，孩子就已经开始理解成人的语言了。这时我们就要让孩子接触生活中更多的事情，多带他做做游戏，多给他说说生活中的各种事物，带他认识生活。我们说得越多，孩子受到的语言熏陶也就越浓重。

●抓住语言发育的两个时期

语言发育第一期是在孩子 1~1.5 岁的时候，这时他可以用简单的字或者手势、表情等来表达自己的需要，还会模仿自己听到的某些声音。这期间，我们可以多让孩子听各种声音，也可以和他一起玩分辨声音的游戏。

与此同时，也要多给他读读故事，给他听中国传统经典故事的录音，或者英语经典故事录音，尽管他听不懂，但这种氛围非常重要，而且最好一直坚持下去，培养他对语言的感知能力。

当孩子进入 1.5~2 岁阶段时，他也就进入了语言发育的第二期，这一时期又称为“称呼期”。这时孩子开始大量“搜集”各种名称，他的词汇量也在此时迅速增加。他也能说一些简单的短句，并能听懂我们的一些简单指令，不过大部分的词汇他只是知道名称，却并不明白意思。面对这一时期的孩子，我们就要顺从他的意愿帮他扩大词汇量，鼓励他通过背诵儿歌来提升表达力，还可以引导他将看到的、想到的东西都说出来，这也同样是提升表达力的好方法。

重视孩子口语发展的关键期

孩子的口语发展关键期在 2~3 岁这一阶段，这时他无论是说话还是识别事物的能力都有了长足进步。而且，2 岁半以后的孩子也越发喜欢提问了，这就代表他进入了“好问期”。

此时我们要结合日常生活多教孩子认识各种事物的名称，可以用一些形容词来表达事物的某些特性，帮孩子建立正确的认知。在教他认识事物时，我们要从他感兴趣的或者比较常见的东西开始入手，同时也要多带他走进大自然，开阔他的眼界。

此时我们还要有意识地找一些简单的话题来和孩子进行交谈，比如问问他“这是什么”、“那是什么”，并在孩子说话的过程中，随时纠正错误并规范其正确的表达方式。

另外，我们也要积极应对孩子提出来的各种问题，肯定他肯提问的精神，鼓励他发问，并认真回答他的问题，这对他表达力的发展也是一种促进。

在语言完备期提升孩子的表达能力

当孩子进入 3~6 岁这一时期后，就到了语言完备期。此时，他的语言发展越发迅速，大量的词汇、语法关系开始在他的表达体系中建立起来，他也会从模仿中纠正自己之前的错误表达，并积累越来越多的词汇。

在这时，我们可以经常和孩子进行看图说话的练习，鼓励他用自己的语言讲小故事，这个过程也是对孩子思考能力的一种训练。另外，此时我们也可以培养孩子学习外语的兴趣，引导他将生活中的实物与单词结合起来，这将有助于他对词汇的记忆。

●利用口才最佳期让孩子变得越来越自信

6~13岁是口才最佳期，这时也差不多是孩子上小学的时间，这一阶段的孩子变得越来越自信，此时我们可以对他进行系统的训练，给他充分展示口才的机会。

比如，每天和孩子聊聊学校里的事情，听他说说他遇到的事情；找合适的时机鼓励他进行即兴演讲，或让他复述一个较长的故事；找些绕口令、长诗歌等锻炼孩子唇舌的灵活度等。

当然，这样的训练包括前面各种时期的训练都需要循序渐进来完成，我们不要太过着急，在每一个时期我们都要找准训练的侧重点，不要轻易忽略任何一个阶段，这样他在表达方面的天赋与潜能才能被完全发挥出来，他的好口才也才能被培养出来。

第二章
在交流中提高孩子的表达力

研究表明，孩子获得的词汇量的多少，很大程度上取决于父母与孩子说话的次数。孩子掌握的词汇量越多，他的表达能力发展得就越快。因此，我们要为孩子营造良好的交流环境，让他有时间和对象倾诉自己的心声，从而提高他的表达力。

7 给孩子创造良好的交流环境

我们与孩子之间离不开交流，交流不仅可以促进亲子关系，使我们了解孩子的真实想法和感受，还可以提高他的语言表达能力。

然而，很多妈妈在与孩子交流的时候，却没有选择好交流的环境，或是站在专注于游戏的孩子身旁说，或是与孩子面对面坐着、犹如审讯一般地你问我答，或是在嘈杂的菜市场、超市、商场等场所聊天。在类似这样的环境下，孩子怎能听得进我们所说的话呢？

所以，我们能否给孩子营造一个良好的交流环境，是与孩子进行良性交流的必不可少的条件之一。

可欣上4年级，学习成绩一直不错，但就在下半学期的时候，她的成绩出现了下滑。从那时开始，她总是闷闷不乐的，整天把自己关在房间里学习。妈妈很想找她谈谈，但是又怕伤害到她的自尊心。看着整天闷闷不乐的女儿，妈妈很是担心。

就在五一假期的时候，妈妈的单位组织去青岛旅游，她便带上了可欣一起去。当可欣第一次看到大海的时候，非常兴奋，玩得不亦乐乎，再也看不到前些日子的忧郁了。

妈妈高兴地对可欣说："第一次看到大海，是不是感到很开心啊！"

"是啊！没想到，大海真的好大。"

"是啊，在大海面前，我们显得好渺小。那么，我们遇到的那些小困难、小挫折又算得了什么呢？每每想到这，我就不再惧怕困难和挫折了。"

"妈妈，您也会时常遇到困难和挫折吗？"

"当然，有句话说得好'人生不如意事十之八九'。所以，要有勇气去面对挫折，并从中吸取经验、教训。"

可欣若有所思地点点头。

旅游回来后，可欣不再闷闷不乐，而是慢慢恢复了以往的活力。

试想，如果将这一番交流安排在家里进行，效果也许并不会这么好。正是由于可欣的妈妈选择了合适的环境——海边，使她们的交流变得顺畅，让可欣听起来也格外入耳入心。当然，并不是一定要到海边跟孩子交流，只要我们善于发现，就能找到适合亲子交流的好地方。

英国思想家罗伯特·欧文曾经说："环境决定着人们的语言、宗教、修养、习惯、意识形态和行为性质。"的确，在不同的环境中交流，我们与孩子的语言、习惯、行为都有所不同。那么，我们应该如何给孩子创设良好的语言环境呢？

●和孩子在和谐的家庭环境中交流

对于孩子来说，家庭是一个熟悉的环境，而且在家中也会比较随意一些，不会有太多顾虑。因此，我们要善于利用家庭环境与孩子交流。

家庭环境中蕴藏着教育的契机，每一个场景都可以引起一个话题。我们可以从眼前的事物、场景说起，从而慢慢打开孩子的"话匣子"。比如，我们在厨房做饭的时候，可以邀请孩子做助手，择择菜、洗洗菜，和他聊聊天；我们在和孩子看电视的时候，可以就电视节目中的话题进行交流……这些生活场景，既能促进亲子交流，还能更进一步地帮助亲子了解彼此。当然，这些场景有一个前提，那就是氛围一定要温馨一些、随意一点。

●带孩子走出家门，到户外去交流

当我们和孩子长期在家中交流时，谈论的话题无外乎是一些家庭琐事、学习等，气氛难免有些压抑。这时候，我们不妨带孩子走出家门，到户外走一走，寻求合适的交流环境，尽量不要去"斗闹场"，即嘈杂、喧闹、容易惹上是非的场所。

大自然，是我们与孩子进行交流的美好环境。在大自然中，孩子会接触到很多新鲜事物，会向我们提出各种各样的问题，这便为亲子交流提供了契机。这时候，如果我们能善加引导，那些孩子平时无法理解、接受的道理就会自然地融入他的内心。

●不要刻意给孩子创设交流环境

我们要给孩子创设良好的交流环境，但是也不要走入一个误区：刻意去寻找或创设利于交流的环境。因为，这往往会适得其反。

比如，为了吸引孩子的交流兴致，我们带孩子去一个陌生而新奇的环境，孩子的注意力可能就会被周围的环境所吸引，反而会忽略与我们的交流。所以，一切顺其自然，只要是安静祥和的、能让孩子放松身心并愿意与我们倾心交流的环境就可以了，没必要去刻意创设环境。

8 把与孩子交流当做一种享受

我们一般都有这样的感受，如果把工作当成自己的负担，或者认为工作很难做好，就不会感受到工作带来的乐趣，自然也不会全心全意地投入到工作中，从而导致恶性循环。

同样的道理，如果我们把与孩子交流当成自己的负担，或者觉得无法与他进行顺畅的交流，就不会享受到交流的乐趣，自然也不会全身心地投入到交流中，也就不可能实现良性循环。

一位妈妈在说起与孩子的交流时，谈到了自己的心声："我也想静下心来享受与孩子交流的时光，但是我每天都要工作，晚上还要忙着做饭、收拾家务，一天下来身心疲惫，就没有心情与他聊天了。”

这位妈妈的话也许说出了很多人的心声。不可否认，面对如今这个竞争激烈的社会，我们每一个在社会上拼搏的人都会感到压力、疲倦，这一点是可以理解的。

但是，如果我们不能把与孩子交流当成一种享受，天性敏感的孩子是可以感受到的，他可能会变得不愿与我们交流，也可能会变得越来越沉默，而我们也会感到痛苦。如果我们能够转化一种思路，享受与孩子一起交流的时光，孩子能感受到我们的爱，表达能力会有所提高，而我们也会体会到真正的快乐。那么，我们又何乐而不为呢？

苏联教育家苏霍姆林斯基曾经说：“一个好教师意味着什么？首先意味着他热爱孩子，感到跟孩子交往是一种乐趣，相信每个孩子都能成为一个好人，善于跟他们交朋友，关心孩子的快乐和悲伤，了解孩子的心灵，时刻都不忘记自己也曾是个孩子。”

细细品味这段话，就会深有感触。如果我们能够时刻想到自己也曾经是个孩子，就能体会到与父母谈心、交流是一件多么高兴的事情。如此一想，我们自然也应该把与孩子交流当做一种享受。这便是换位思考的作用和效果。

总之，我们要正确看待与孩子的交流，要将这种交流当成一种享受，然后透过孩子眼里的万花筒来看待周围的世界，那我们和孩子都会感受到无比的快乐和幸福。

一般来说，我们无法把与孩子交流当做一种享受，往往出于以下几种因素：

第一，我们已经失去了童心。

经过岁月的洗涤，我们已经逝去了曾经拥有的童心和童趣，换来了一脸的烦恼、倦容和无奈。所以，我们与孩子交流的他所感兴趣的话题，无法吸引我们的眼球，也很难让我们将这种交流当成享受。

对此，我们一定要找回已经逝去的童心。首先，我们要放下做妈妈的架子，放下自己评判孩子的种种观点。其次，我们要全身心地沉浸在孩子的世界里，要心无旁骛地与他交流。如此一来，我们记忆中那些被时间尘封的童心就会慢慢苏醒，自然就会觉得与孩子交流是一件高兴的事情了。

第二，因工作忙而不愿与孩子交流。

每当女儿放学回到家，都会兴致勃勃地对妈妈讲学校里的事情。而妈妈却觉得，与孩子交流会浪费她工作的时间。所以，每当女儿和妈妈说话的时候，妈妈都会一边工作一边聊几句。久而久之，她感受到了妈妈的冷淡，便慢慢减少了与妈妈交流的次数。

作为新时代的职业女性，工作对我们固然重要，但是孩子的成长更重要，孩子才是我们一生最大的事业。事实上，某些眼前看似“西瓜”的东西，如工作、应酬，和孩子的整个人生比起来，只不过是一粒“芝麻”而已。所以，我们再忙也要抽出时间与孩子一起交流，即使是每天半小时，也要享受与他在一起的时光。

第三，没有耐心听孩子讲“琐事”。

孩子的思想单纯，生活圈子小，所以遇到的事情都是一些琐碎的小事。每当孩子向我们述说那些琐事的时候，很多妈妈都会显得不耐烦，觉得那都是一些不值得说的小事。但是，对于孩子而言，事情基本上是没有大小之分的，而他真实的感受、体会也不分大小。

所以，我们要耐心聆听孩子的那些琐事，满足他想要表达的欲望。在聆听的过程中，我们要尽量表现得很感兴趣，还可以发表一下自己的看法或感受，这样会使孩子觉得被重视、被尊重，会更愿意表达自己。

第四，孩子的表达能力较弱。

由于孩子的表达能力比较弱，所以说话可能会语无伦次、前后不搭调、没有条理性。这时候，正是孩子锻炼、提高表达能力的大好机会。所以，我们千万不要因感到厌烦而不愿意与孩子交流，而是要理解他目前的状况。同时，我们还要用规范性的语言与孩子沟通，及时指出他在表达方面的某些缺点，适时地给予他指导，告诉他正确的表达方式，从而使他说话更流畅、更有条理。

9 不要用“儿语”与孩子说话

儿语是孩子语言发展过程中的一个阶段，也是孩子语言能力较低的一种表现。因为，孩子的语言发展限制了他准确、完整地表达自己的意思，而只能用儿语来表达。一些妈妈认为，孩子只能听懂那些“儿语”，便经常对孩子说一些诸如“洗脸脸”、“擦香香”、“睡觉觉”、“吃饭饭”之类的儿语。

殊不知，我们经常用“儿语”与孩子交流，对孩子的语言发展和表达能力是有负面影响的。儿童专家指出：父母使用儿语的频率越高，孩子掌握规范语言的速度就越慢。因为，孩子主要是依靠模仿来掌握语言的，而我们的表达方式和水平将会直接影响他的模仿效果，进而影响他的语言发展情况。

另外，我们经常用“儿语”与孩子说话，会让孩子长期处于童稚的世界里，不仅会影响他说话的语气，还会束缚他心智的发育。

在女儿小时候学说话的时候，父母非常喜欢用儿语与他说话。久而久之，她习惯了使用儿语与人交流，说话也奶声奶气的。

当女儿进入小学之后，言语中流露出的孩子气，尤其是她表现出来的嗲里嗲气，令很多同学感到反感，所以很多同学都不愿意和她说话，这令她感到很难过。渐渐地，她说话的时候也会有所担心，害怕有人嘲笑自己，所以变得越来越沉默。

由于父母经常使用“儿语”与女儿说话，所以“儿语”成为了她的主要语言方式。结果，这给逐渐长大的女儿带来了很多烦恼，也限制了她表达能力的发展。

所以，为了孩子健康、快乐地成长，为了孩子的语言发展，我们在与他交流的过程中，一定不要使用“儿语”，而要用成人的规范语言。

●不要模仿孩子的“儿语”

听到刚会说话的孩子说“儿语”时，有的妈妈就觉得很有趣，甚至以为孩子只能听懂这些“儿语”，便也会不由自主地用“儿语”来与他说话。这是非常不可取的，这很有可能会拖延孩子说完整句子的时间。

因此，我们千万不要模仿孩子的“儿语”，更不要用“儿语”教他说话。比如，当孩子看到“狗”之后，可能会用“汪汪”来称呼，这时候，我们就可以这样对他说“这是小狗”，或者是在前面加上形容词或其他说明，如“这是小黑狗”、“这是宠物狗”等。慢慢地，当孩子再看到狗时，就会说“这是小狗”而不是“汪汪”了。

●用规范化的语言与孩子交流

我们不要用“儿语”与孩子对话，取而代之的就是规范化的语言。这样不仅有利于孩子掌握标准语言，还能为他以后学习书面语言打好基础。

一开始的时候，我们要有意识地放慢说话的速度，要把复杂的长句拆分成简单句，还可以配有身体语言，从而更容易使孩子理解我们的意思，进而加快学习语言的速度。

对于一些孩子目前还难以理解的词语，我们可以用他容易理解的同义词来代替，也可以把与这些词语相对应的实物拿给他看。经过多次强化刺激，孩子就能逐渐领悟那些词语的意思，并能熟练地运用。

总之，不管孩子怎样说话，我们都要用正确的、规范的语言来对答。在我们标准语言的示范下，随着孩子表达能力的加强，“儿语”就会被规范化的语言所替代，他也能较早说出完整的句子。

●采用多变的语言形式与孩子对话

对于年幼的孩子，他们都喜欢新鲜、活泼的语言形式。如果我们能投其所好，用多变的语言形式与孩子对话，比如，我们在叫他起床的时候，就可以说一些诸如“妈妈醒了，宝宝也该醒了”、“太阳晒到屁股了，赶紧起床了”、“妈妈做了很丰盛的早餐，我都已经迫不及待想吃了，快起来吧”之类的语言，不仅会激发孩子说话的兴趣，还利于他学习用好几种语言形式表达同一个意思，从而提高他的语言表达能力。

10 晚餐后与孩子聊聊天

随着时代发展得越来越快，人们的生活节奏也越来越快。白天的时候，我们上班，孩子上学，忙碌的两代人之间聊聊天甚至越来越成为一种奢求。久而久之，亲子之间就会越来越疏远，我们对孩子也就越来越不了解。

其实，我们大可以抽出一些零碎时间与孩子聊天。比如，晚餐后，我们就可以陪在孩子身边，聊一些他感兴趣的话题。一方面，我们可以更深入地了解孩子的近况；另一方面，可以促进消化，从而使孩子更好地投入到学习之中。

每天吃完晚饭之后，妈妈就会叫着女儿去小区散散步。一路上，妈妈就会询问她在学校发生的事情。每当她在滔滔不绝地讲述时，妈妈就会在一旁静静地听着，并时不时地插上一两句话。

在散步的过程中，母女俩还会看到一些不好的社会现象，如乱扔垃圾、说脏话、宠物随便大小便等，这时候，妈妈都会和她一起探讨这些现象。在不知不觉中，她学会了分辨是非、善恶，并勉励自己成为一个品行良好的人。

有时候，女儿还会主动向妈妈倾诉一些生活或学习中的烦恼。每当这时，妈妈都会心平气和地给她讲道理，还会利用自己的经历来教育她。

慢慢地，妈妈和女儿的关系越来越亲密了。如果哪天妈妈因有事而不能和她聊天，她就会催着爸爸陪她聊。

妈妈利用晚餐后与女儿一起散步的形式，与她聊天，这是一种很好的沟通方式。因为，外出散步，可以让彼此感受不到压抑，从而消除距离感，也可以给我们创造教育机会，从而让孩子有所收获，得到成长。

总之，我们要利用晚餐后的时间，创造一个交流的平台，与孩子聊聊天，让交流不再严肃、不再死板，而是变得更随意、更顺畅。

●每天晚餐后尽量抽出一定的时间

无论我们平日工作多忙、身体多累，每天晚餐后尽量抽出一定的时间与孩子聊天，哪怕是10分钟，甚至5分钟，只要我们坚持下去，一定会增进彼此之间的感情，并同时提高孩子的语言表达能力。

●聊天的内容不要只限于学习

有的妈妈虽然坚持和孩子利用晚餐后的时间聊天，但是交流的内容只限于学习，结果使孩子感到非常反感。

一个10岁的男孩吐露了自己的心声："妈妈问我最多的就是学习情况，而我特别喜欢踢足球，每当我提到足球的话题时，妈妈就会打断我，并警告我不要把心思放在玩上。我知道，妈妈是害怕影响到我的学习，但是如果我都不能谈论自己感兴趣的话题，聊天又有什么意义呢！"

的确，如果我们与孩子交流的话题就只限于学习，而不能聊一聊他感兴趣的话题，就不会与他的"心"产生共鸣，自然也不会起到良好的沟通效果。

所以，我们不要总是和孩子交流与学习有关的话题，而是要把话题扩展到各个方面。比如，可以交流当前的热点话题、社会现象，可以谈论孩子感兴趣的话题，也可以就生活中遇到的事情进行交流，等等。总之，交流的话题应该以轻松、有意义为主。

在交流各个话题的过程中，孩子的思维会得到发散，也会发表自己的看法、观点。这时候，我们要尽量做一个听众，多听听他怎么说，然后再适时地给予引导。

●选择合适的聊天地点

晚餐后去哪里聊天呢？其实，这样的场所无处不在。

一般来说，我们可以将聊天的地点分为两类：一是室内，二是室外。如果在室内的话，可选择的聊天地点就非常多了，比如，在餐桌旁、在客厅、在卧室、在阳台，和孩子一边收拾餐桌、洗碗一边聊天，等等。如果在室外的话，就可以到小区、广场、小公园等。

无论在什么地点，我们总会遇到各种各样的场景或事情，这时候，我们就可以借此与孩子交流。这种应情应景的教育往往比空洞、生硬的说教更容易让孩子接受，从而达到交流的效果。

11 睡觉前与孩子说说话

很多时候，妈妈都喜欢在睡觉前给孩子讲故事。不过，美国加州大学的研究人员曾经对275个家庭的孩子进行了长达4年的跟踪调查，最终发现：在提高语言能力方面，和孩子说说话比单纯给他讲故事更有效，而前者所起到的效果是后者的6倍。

这足以见得，我们在睡觉前和孩子说说话，将利于孩子语言表达能力的发展。另外，在夜深人静的时候，孩子一般都比较安静，我们和他说话的效果也会很好，并利于他在愉快的氛围中进入梦乡。

一位妈妈谈到了自己的经历：

如今，和儿子在睡前聊天，已经成为了每晚的必备功课。一开始的时候，儿子正在上幼儿园，我们每晚的对话内容无非就是诸如“和小朋友玩什么游戏了”、“有没有有趣的事情”、“中午吃的什么饭菜”之类的问题。慢慢地，儿子有些厌倦了。

于是，我开始即兴发挥，比如，我一句他一句的闲聊；把今天遇到的事情讲给他听，然后和他讨论；让他说说最近看过的动画片或电视节目；鼓励儿子给我表演在学校学的儿歌；互相考几个脑筋急转弯……总之，我们的话题越来越多，关系越来越密切。

也许，几年之后，随着儿子慢慢长大，他不再需要这种交流方式，但是我和他都不会忘记睡前聊天带给彼此的快乐和温暖。

是啊！儿子长大之后，可能不再需要我们在睡前陪在他的身边，和他一起唠唠家常，但是这份快乐和温暖却会永驻心中。

如果我们能够坚持在睡前与孩子说说话，不仅会增进彼此的感情，及时了解孩子的心理和想法，从而更好地给予引导和帮助，还可以锻炼和提高他的语言表达能力。因此，我们要把握好孩子睡觉前的那段时间，与孩子倾心交谈。

不过，我们与孩子在睡前聊天的时候，一定要注意以下几个方面的内容：

第一，尽量不要在睡前说教、批评孩子。

我们都知道，孩子在睡觉之前的记忆效果好。所以，很多妈妈就会利用这段时间，对孩子进行无休止地说教，甚至是批评，希望他能够记住我们的话，并按照我们的意愿去做。

殊不知，我们在睡前批评孩子，很容易影响孩子的睡眠情绪，使他处于紧张、压抑的心理状态之中，或者是滋生抵触的情绪，进而使他难以入睡。即使孩子入睡了，也很难睡得安稳，从而影响体力和脑力的恢复，进而影响第二天的状态。

因此，为了让孩子有一个好睡眠，我们要尽量避免在睡前说教、批评孩子。

第二，不要聊一些令孩子兴奋或伤心的话题。

中医认为：人的喜怒哀乐如果超过了一定的范围，很容易引起神经中枢的兴奋或紊乱。的确，如果孩子太过快乐，就会感到莫名的悲伤，正如我们常说的“乐极生悲”。如果我们经常在睡前与孩子聊一些令他兴奋或伤心的话题，会使他难以快速进入睡眠状态，甚至造成失眠。

因此，我们在睡前与孩子说话的时候，不要说一些令他兴奋或伤心的话题，而是聊一些轻松的话题。如果孩子想要聊一些令人兴奋或伤心的话题，我们就可以明确告诉他：在睡前聊这方面的话题会影响睡眠，最好等到第二天再聊。

第三，倾听比诉说更重要。

很多时候，倾听比诉说更重要。因为，没有好的倾听者，就没有好的诉说者。另外，对于不善言辞的孩子来说，我们更应该多给他创造说话的机会，从而提高他的语言表达能力。所以，我们要做孩子的“听众”。

当孩子向我们诉说的时候，我们一定要对他的谈话内容感到有兴趣。比如，我们要放下手中的事情，专心致志地听他诉说，并用眼睛注视着他；用及时简单的词语回应他的感受，如“哦”、“嗯”、“原来如此”等；用简单的语言鼓励他继续说下去，如“然后呢”、“后来发生了什么”、“说来听听”等。如此一来，孩子会更愿意敞开他的心扉。

12 与孩子一起读适合他看的书

联合国教科文组织曾经做了一项调查，结果显示：全世界每年阅读书籍排名第一的是犹太人，他们一年平均每人阅读 64 本书；在中国，上海排名第一，一年平均每人阅读 8 本书；中国 13 亿人口，扣除教科书，一年平均每人读不到 1 本书。

犹太人只占全球总人口的 0.2%，却获得过 29% 的诺贝尔奖。犹太人认为，他们之所以能够取得如此成就，是酷爱读书、学习传统经典的丰厚回报。据说，犹太人会给孩子读的书抹上一层蜜，从而让孩子感到书是甜的；当有人去世之后，家人会在墓地放一本书。另外，很多犹太家庭都会有一个相对固定的时间与孩子一起读书。

我们的孩子之所以不爱读书，可能有很多原因，比如，没有良好的阅读氛围，没有合适的读物，没有阅读的兴趣，等等。对此，我们可以尝试与孩子一起阅读，选择一些他喜欢看并适合他看的书，一同分享亲子阅读的乐趣。

儿子上 2 年级了，每天写完作业，第一件事就是看动画片。每当妈妈劝他多读一些课外书时，他总会找各种理由推托。为了培养他的阅读习惯，妈妈决定陪他一起读书。

为了培养儿子勇敢、坚强的品质，妈妈特意选了一本《鲁宾逊漂流记》，待自己看了一遍之后，就开始给他讲书中的内容。每当妈妈讲到最关键的地方时，便会找各种理由停止讲述。由于他完全被故事的内容吸引了，所以缠着让妈妈继续讲下去。

听完妈妈讲的，儿子也会自己打开书看看，当母子俩一起读完《鲁宾逊漂流记》之后，儿子开始请求妈妈带他去图书馆、书店看书。为了让他把阅读的习惯坚持下去，妈妈每天都会花一段时间陪他一起读书。就这样，他的阅读兴趣被激发了出来。

面对不爱看书的儿子，这位妈妈没有强迫，而是采取与他一起阅读的方式，并适时地吊一下他的“胃口”，从而激发了他的自主阅读的兴趣。

孩子在亲子阅读的过程中，不仅可以丰富学识，开阔视野，陶冶性情，懂得很多人生的道理，还可以培养阅读能力、表达能力、写作能力等，拥有无限的乐趣和智慧的源泉。那么，我们应该如何去做呢？

选择孩子喜欢看并适合看的书

与孩子一起阅读，最重要且最关键的就是选择什么样的图书。我们应该本着两个原则，一是适合孩子看，二是孩子喜欢看。

《弟子规》中讲道："非圣书，屏勿视，蔽聪明，坏心志。"意思是说，对于一些影响身心健康的不良书籍，一定不要去看，否则会蒙蔽我们的聪明智慧，会污染我们的心灵，损坏我们的心志。

我们从一些新闻报道中得知，有些少年犯就是因为从小看了一些不好的图书而堕落的。比如，有的书中有些暴力、色情的内容，如果孩子没有是非善恶的判断能力，他可能就会因此而走上歧途。

所以，我们一定要防患于未然，为孩子选择一些利于身心健康的书。比如，古代圣贤人留下来的经典，《弟子规》、《三字经》、《四书五经》、《道德经》、《朱子家训》等；自然科学等方面的书籍；名人故事、传记等。

另外，我们还要注意观察孩子的兴趣爱好，选择他感兴趣的图书。比如，孩子喜欢自然界的东西，那我们就可以与他一起阅读与植物、动物有关的图书；孩子喜欢文学著作，那我们就可以有选择性地为他选择内容健康、积极向上的文学著作；等等。

无论是给孩子选择适合他看的书，还是他喜欢看的书，我们都要考虑孩子的年龄、阅读能力等。对于年龄小、阅读能力欠缺的孩子，我们要尽量选择图文并茂、浅显易懂的图书。随着孩子年龄增长、阅读能力增强，我们就可以选择一些文字较多、思想丰富的图书。

我们最好先看一下书的内容

对于一些童话书、漫画书，我们一般都会毫无顾忌地和他一起看。但是，这些图书里面可能会有暴力、色情等文字或图片，也可能会流露出一些消极的思想感情，这些都不利于孩子的健康成长。所以，在与孩子一起阅读之前，我们最好先看一下图书的内容，看看是否健康、积极、阳光。

●用不同的形式与孩子阅读

我们在与孩子阅读一本书的时候，一般都会采用我们读、他听的形式。其实，我们还可以采用其他的形式。比如，我们先读一部分，然后让孩子猜猜看下面发生了什么；我们和孩子分段读，一人一段；我们和孩子分角色朗读，分别扮演故事中的不同角色；我们先给孩子讲一遍，然后让他简单复述一遍……当阅读的形式如此多样、如此丰富时，相信孩子会逐渐爱上阅读，最终提升自己的语言表达能力。

13 给孩子倾诉的机会

著名教育家卢勤在她的著作《长大不容易》中写了这样一个故事：

为了全身心地工作，我把1岁零8个月的儿子送进幼儿园全托，每周只接一次。

每次孩子回家，总是兴致勃勃地给我讲幼儿园里的事。遗憾的是，开始我没有意识到孩子的这个需求，总觉得听孩子说话，浪费了我写稿子或思考的时间。所以，每次孩子和我说话，我总是做出很忙的样子，眼睛左顾右盼，手里还不停地翻动着书报。

没想到，我的“忙碌”给孩子的语言表达带来了障碍。由于他是个思维能力很强的孩子，为了在有限的时间里把话说完，他就讲得很快，慢慢地变得讲起话来结结巴巴的。

我对他说：“你别结巴！”他结巴得更厉害了；我又说：“你慢点说！”他就说不出来了。

我着急了，跟我妈商量："要不咱们带孩子去医院看看？"

我妈说："别去，医院里患口吃的人很多，你儿子模仿力那么强，回来还不学会了？你儿子跟你说话，你别跟他说'别结巴'，这是提醒他要结巴，结巴都是提醒出来的！你儿子和你说话，你好好听就行。"

我大姐是学医的，她告诉我："'口吃'是智慧的表现，为什么男孩爱"口吃"？因为男孩脑子快、嘴慢，一着急就容易结巴。"

这引起了我的注意。我开始注意改变自己，尽量抽出空来，认真倾听他讲话。我发现儿子很有语言天赋，说话说得很精彩。渐渐地，儿子竟成了我学习儿童语言的老师，甚至还成了我当"知心姐姐"的教科书。

这个故事给了我们很大启示：一个语言能力较强的孩子背后，一定有一个忠实的倾听者。很多时候，孩子不爱说话，说话紧张，说话结巴，说话语无伦次，正是因为我们没有给他倾诉的机会，或者是没有耐心听他诉说。

另外，如果我们不给孩子倾诉的机会，我们就无法了解孩子的真实想法，自然也无法给予合理的引导。而且，孩子会慢慢把自己的内心世界封闭起来，不愿意向我们敞开心扉，性格也会变得内向。

作为妈妈，我们与其做一个高明的说者，不如做一个高明的听众。因此，我们要给孩子倾诉的机会，要静下心来倾听他的心声，并时刻提醒自己"妈妈会听，孩子才会说"。

●不要随意打断孩子的诉说

我们在倾听孩子心声的时候，一定不要随意打断他，而是要耐心地听他诉说。对于同一件事情，由于我们和孩子所站的角度不同、所接触的面不同，所以会有不同的观点。对此，我们要理解这种差异，而不要以我们的思维方式去判断他的想法。

当孩子向我们倾诉令他感到伤心的话题时，我们要安静地陪在他的身边，耐心地倾听他的表达，及时接受他的感受，并用语言或肢体语言关心、安慰他。待孩子的情绪慢慢恢复平静之后，我们再引导他的思想和行为。

●饶有兴趣地听孩子倾诉

孩子是否乐于向我们倾诉，主要看我们的态度，看我们是否乐于倾听。当孩子主动向我们倾诉的时候，无论我们正在忙着什么，都尽量停下来，用眼睛看着他，并通过点头或语气助词（如“嗯”、“哦”、“啊”等）来回应他。

如果孩子倾诉的话题确实是我们不感兴趣的，我们也不要不耐烦地打断他，否则会打消他倾诉的积极性，而是要认真地听他说，尽量表现出我们听得很有兴趣。唯有这样，孩子才会愿意向我们倾诉，从而提升言辞表达水平。

●善于听出孩子的“潜台词”

有时候，孩子会因为种种原因不直接表达自己的真实想法，而是把它藏在话中。比如，孩子突然对我们说“××× 明天去游乐园玩”，也许他是想试探我们是否愿意陪他一起去游乐园玩玩，或是否允许他跟 ××× 一起去游乐园玩。我们一旦听出了孩子的“潜台词”，就要及时给予回应。

平日里，我们就要保持一定的敏感度，善于观察孩子的表情、动作、语言等，洞察他的话语中是否隐含着另一层意思。不过，我们要想正确解析孩子的“潜台词”，还是要建立在倾听和冷静思考的基础上。不然的话，我们很可能会错解了孩子的心思。

14 多给孩子讲讲故事

听故事是孩子的共同爱好，从孩子小时候开始，他就会缠着让我们给他讲故事。心理学研究表明，经常给孩子讲故事，有助于培养孩子的语言能力和创造思考的能力。

的确是这样，如果我们每天都坚持给孩子讲故事，那么他的头脑中就会储存大量的语言信息和文字信息，这对他将来的口语表达、写作、思考等方面的发展都会起到事半功倍的效果。此外，故事中的种种形象，还会给孩子树立正确的价值观，帮助他辨别真善美，对他的人格塑造也有一定的积极作用。

从儿子3岁开始，妈妈便每天抽出一定的时间给他讲故事。为此，妈妈买了一本厚厚的故事书，是专门给这一年龄段的孩子讲的故事。不过，儿子宁愿自己玩，也不爱听妈妈讲故事。

原来，妈妈每次都是挑着自己喜欢读的故事，如《豌豆公主》、《丑小鸭》，儿子却并不喜欢这一类的故事。而且，妈妈在给儿子讲故事的时候，就像读课文一样，干干巴巴的，一点儿也不生动。

这个男孩为什么不爱听妈妈讲故事呢？是因为妈妈没有掌握好讲故事的方法和技巧。给孩子讲故事，看似简单，其实是一门不小的学问。那么，我们应该怎样给孩子讲故事呢？需要注意哪些方面的内容呢？

●选择适合孩子的故事

对于故事的内容，我们一定要认真选择，要有针对性。

第一，根据孩子的年龄、理解能力来选择故事。

对于一个两三岁的孩子而言，他的理解能力有限，所以喜欢一些童话故事或寓言故事，那我们就可以为他选择一些内容贴近他生活的、篇幅较短、情节简单、词汇口语化的故事。随着孩子年龄的增长、理解能力的增强，故事的内容就可以渐趋多元化了，那我们就可以为他选择一些有教育意义、情节有所起伏、词汇丰富的故事。

第二，针对孩子的个性来选择故事。

比如，孩子粗暴霸道，我们就可以多讲一些谦逊礼让的故事；孩子胆小懦弱，我们就可以多讲一些关于英雄、勇士的故事；等等。总之，我们要潜移默化地引导孩子向良好的方向发展。

第三，要抓住教育时机选择故事。

当孩子犯错误之后，我们就可以借助具有教育意义的故事，让孩子在轻松的氛围中接受教育。比如，孩子爱说谎，我们就可以给他讲一讲《列宁小时候打破花瓶》、《华盛顿小时候砍倒樱桃树》的故事；孩子随便接受陌生人的东西，我们就可以给他讲一讲《白雪公主》、《小红帽》的故事；等等。

●掌握讲故事的技巧

在给孩子讲故事之前，我们最好先了解一下故事的内容，熟悉故事的情节，以免讲述时磕磕巴巴、没有感情。如果我们所讲的故事有插图的话，就可以一边给孩子讲述，一边让他观察插图。

在给孩子讲故事的时候，我们要注意发音正确、吐字清楚、语速适中、语调抑扬顿挫，并根据故事情节和人物的年龄、身份、性格来变换语气、语调。比如，讲到大灰狼或坏人的角色时，我们就要表现出凶恶的样子，表情要夸张一些；讲到危险的地方时，语速要加快，要表现出紧张的心情。

此外，我们还要随时观察孩子听故事的反应。如果发现孩子注意力不集中了，我们就要分析原因，并对症下药。如果孩子因想到其他东西而走神了，那我们就可以稍加停顿或用音调的高低变化，给他听觉上的刺激，从而吸引他的注意；如果孩子因听故事的时间过长而厌烦了，那我们就尽量用疑问句暂停，从而激发他下次听故事的兴趣。

●培养孩子边听故事边思考的习惯

在讲故事的过程中或讲完故事之后，我们可以向孩子提几个具有启发性的问题。当然，问题的难度要根据孩子的理解能力来决定，不要让孩子因难度太大而望而却步。同时，我们所提出的问题还要逐步深入，从而帮助孩子加深对故事的理解。

在一问一答之中，孩子的思考能力和理解能力会有所提升，他的口语表达能力也会得到锻炼。

15 用开放性问题引导孩子表达

法国作家巴尔扎克曾经说："打开一切科学的钥匙，都毫无异议的是问号，我们大部分伟大发现应归于为什么，而生活的智慧大概就在于逢事都问个为什么。"的确，一个人只有经常处于问题的情境中，大脑才会处于积极活跃的状态，才会深入思考与研究，从而找到解决的途径和方法，进而获得新发现。

有人曾做过一项调查，将中外父母对孩子的问话进行了对比：

在中国，当父母把孩子从学校接回家之后，问的第一句话通常是："今天在幼儿园吃什么了"、"今天学什么了"、"有人欺负你吗"、"今天老师布置作业了吗"……

而在国外，父母问孩子的第一句话通常是："今天你快乐吗"、"今天有什么有趣的事吗"、"你有什么作品吗"、"今天和大家玩得高兴吗"……

我们可以试想一下，面对前一种情况，孩子可能只会简答地回答："我今天吃了……"、"学到了……"、"有人（没人）欺负我"、"有（没有）作业"……而面对后一种情况，孩子可能会滔滔不绝地谈起那些令他快乐的事，或自己的作品。可以说，后者的提问更能让孩子的思维变得活跃，从而激发他的表达欲望。

一般来说，提问的方式可以分为两种：封闭性提问和开放性提问。所谓封闭性提问，就如同以上中国父母的提问，只有一种答案；所谓开放性提问，就如同以上国外父母的提问，没有现成的答案，解答方式是多样化的。

如果我们总是向孩子提一些封闭性的问题，只是让他回答诸如是不是、好不好、对不对之类的问题，势必会阻碍他表达力、想象力、思考力的发展。所以，我们要依据孩子的实际水平，问一些开放性的问题，从而扩展孩子的视野，为他提供创造性想象和创造性思维的空间，并激发他表达自我的欲望，使他在获得知识的同时启发智慧。

●掌握提问孩子的“十字诀”

台湾学者陈龙安认为，良好的提问应该掌握十个方面的内容，即“十字诀”：假、例、比、替、除、可、想、组、六、类。

“假”：提问时以“假如……”开头。

“例”：让孩子在回答问题时多举例子。

“比”：让孩子比较两件事物的异同。

“替”：让孩子思考有什么是可以替代的。

“除”：多问孩子“除了……还有什么”。

“可”：让孩子思考可能的情况。

“想”：让孩子想象各种情况。

“组”：教孩子把不同的东西组合在一起，并思考组合在一起会如何。

“六”：用“六何”检讨策略，即为何、何人、何时、何事、何处、如何。

“类”：让孩子类推各种可能性。

我们在向孩子提问的时候，可以借助学者陈龙安提出的“十字诀”，从而扩展孩子的思维，引导孩子勇于发表自己的看法。

●不要急于让孩子回答问题

向孩子提出一些开放性的问题之后，我们不要急于让他回答，而是要给他思考的时间。在孩子思考的过程中，我们尽量不要去打扰他，更不要随便指挥他。必要的时候，如他实在没有思路或是思考的方法已经偏颇了，我们可以适时地给予他引导，让他有一个思考的方向，或者是大概的框架，以便于他朝着正确的方法思考。

及时回应孩子的回答

由于开放性提问没有固定的答案，所以对于孩子的回答，我们不要急于判断对错，而是要先及时回应他，肯定他通过自己的思考和努力得出结论的行为，肯定他发表自己看法的勇气，然后再根据不同类型的提问给予不同的引导。

比如，对于一些涉及情绪、感受的问题，我们就要先接纳、认同孩子的情绪或感受，然后再适当地给予引导和帮助；对于一些涉及知识的问题，如果孩子的回答是不恰当的，那我们就可以通过不断地发问，引导他进一步思考，直到他找到正确答案为止。

16 积极回答孩子的提问

孩子在认识这个世界的过程中，总会提出各种各样的问题，比如，“太阳为什么会从东边升起”，“花为什么是五颜六色的”，“鱼儿会睡觉吗”……这是孩子认识新事物的一种积极表现，也是智力水平和表达能力发展到一定水平的标志。

然而，随着孩子年龄增长，他却不再向我们提出问题了。这到底是为什么呢？是不是说明他心中的疑问越来越少了呢？当然不是。究其原因，是我们没有积极地回应孩子的提问，从而使他失去了提问的积极性。

为了保护孩子那颗渴求知识的心，为了让孩子提出更多有价值、有意义的问题，我们一定要积极回答他的每一个问题。

星期天，妈妈带着7岁的女儿去公园玩，女儿突然问道：“妈妈，天空为什么是蓝色的呢？为什么不能是粉色的呢？”

妈妈笑着说：“这个问题问得好！原本啊，太阳光是由红、橙、黄、绿、青、蓝、紫这7种颜色组成的。”

女儿急忙问：“那我们为什么只能看到蓝色呢？其他颜色都跑去哪里了？”

“天空中有很多尘埃，其他颜色的光波长比较长，恰好能绕过尘埃，而蓝色的光波长比较短，就被尘埃挡住了，并在尘埃上发生了散射。所以，在我们看来，天空是蓝色的。”妈妈耐心地解释道。

女儿若有所思地点点头。

回到家后，妈妈从网络上搜了一个关于这个问题的flash短片，一边让女儿看，一边给她讲解。最终，她明白了光是如何在大气中散射的了。

面对女儿的问题，妈妈先是给予了回应，然后耐心地给予了讲解，最后还通过更形象的方式让她明白了其中的缘由。如果我们能够认真地回答孩子的提问，不仅会增长他的知识和技能，增强他的求知欲，还会使他在这个过程中体会到学习的乐趣。

那么，我们应该如何回应孩子的提问呢?

●把孩子的提问当回事

当孩子缠着妈妈问这问那时，有的妈妈要么说一些诸如“烦不烦啊，你没看到我正在忙着吗”、“问这么多奇怪的问题有什么用啊”之类的话，要么三言两语打发了孩子。殊不知，我们这样做，会渐渐使他的好奇心和求知欲随着年龄的增长而减弱，也不利于他语言表达能力的发展。

因此，无论孩子提出的是什么问题，我们都不要因他提出的问题太简单而敷衍他，也不要因他的问题太幼稚而嘲笑他，更不要因他提的问题太难而随便搪塞他或用粗暴的态度拒绝他，而是要把他的问题当回事。

●及时并积极地回应孩子的提问

面对孩子的提问，我们一定要及时并积极地给予回应。首先，我们要放下手头的事情，鼓励他清楚、具体地说出自己的疑问；其次，我们应该说一些表示肯定的语言，比如，“这个问题提得好”、“你怎么会想到这个问题呢”、

“妈妈小时候也会过这样的疑问”、“没想到你会提出这样的问题”，等等。只要我们抱着这样的态度，孩子就会感受到提问的乐趣，下次还会愿意向我们提问。

●掌握回答孩子提问的技巧

我们在回答孩子提问的过程中，一定要掌握一些技巧。对于不同类型的问题，我们要用不同的方式回答。

对于有关生活常识或自然界的、比较简单的问题，如果孩子能够通过观察或思考得出答案，那我们就要引导他去观察、思考；如果这个问题超出了孩子的智力水平，那我们就要利用形象、通俗易懂的方式讲给他听。

对于一些较难回答的问题，如果我们本身不知道答案，千万不要不懂装懂，更不要胡乱回答，而是要如实地告诉孩子：“妈妈也不知道这个问题的答案，不过，我可以和你一起寻找答案。”

对于一些比较棘手或尴尬的问题，尤其是与性有关的问题，我们既不要刻意回避，也不要编一些不符合科学的知识应付了事，而是以一种科学而巧妙的方式把关于性的知识告诉给他。

比如，孩子突然问我们“我是从哪里来的”，那我们就可以先从动物的生殖活动讲起，然后再浅显地联系到人的生殖活动，或者是通过图像讲解给他听。同时，我们也可以给孩子讲一讲我们从怀孕到生产的过程和感受。如此一来，孩子就会明白了，他是爸爸妈妈共同创造的小生命，是从妈妈肚子里出来的，而妈妈为了生育他受了很大的苦痛。那么，孩子就会更加珍惜自己的生命，更加孝敬父母。

17 让孩子体验一次愉快的谈话经历

情景一：

妈妈接儿子放学，见到他后，问道："今天做什么活动了？"

"没做什么活动。"儿子答道。

"老师教什么了？"

"10 以内的加减法。"

"那你今天都和谁玩了？"

"小伙伴。"

"中午吃的什么啊？"

"米饭和两个菜。"

……

情景二：

妈妈接女儿放学，见到她后，问道："宝贝，让妈妈看看。"妈妈看了女儿一会儿，说道："看来你今天玩得很开心，对吗？"

"嗯，今天老师带我们出去活动了，我和小伙伴玩溜滑梯、荡秋千，太有意思了。而且，我和小美一起搭了一座城堡，还说好要一起住在里面呢！"女儿高兴地说道。

"听起来就很有趣。那老师今天都教了你些什么知识啊？妈妈很想知道呢！"

"今天教了好多，不仅有 10 以内的加减法，还有一首儿歌，等我们回到家之后，我就唱给您听。”

“太好了，那回家就要唱噢！”

……

同样是接孩子放学，同样是问孩子在幼儿园都做了些什么，但是交流的效果却截然不同。为什么会这样呢？

可能一些妈妈会把原因归咎于孩子的表达能力，认为孩子表达能力欠缺，就不会过多地描述在学校发生的事情。的确，孩子的表达能力会影响交流的效果。不过，除了表达能力之外，还有一个非常重要的原因，就是我们是否让孩子体验过愉快的交流经历。

如果我们让孩子体验到愉快的谈话经历，那么他就会愿意和我们聊天，就会滔滔不绝地发表自己的想法和意见。那么，我们要如何做，才能让孩子体验到愉快的谈话经历呢？

●先为亲子交流做个“热身”

“老师讲的知识点，你都记住了吗？”

“今天有没有被老师批评啊？”

“不是说回家就先写作业的吗？为什么还在玩？”

……

很多妈妈都是以这样的开场白与孩子进行交流，一开口就提学习，一开口就是质问、批评孩子，那么他又怎么会感受到愉快？又怎么会畅所欲言呢？

对此，我们要为亲子交流做一个“热身”。比如，我们要用愉快的语调与孩子打招呼，询问他有没有时间和兴趣与我们聊聊天，先聊一些他感兴趣的、轻松的话题。如此一来，一个愉快的谈话气氛就建立起来了。

●与孩子交流要真诚、用心

在与孩子交流的过程中，我们要把他当成一个独立的个体，尽量多站在他的角度去看待问题；不要一边听他说话，一边做其他事情；不要随便打断他，而是要用心倾听；不要没完没了地说个不停，而是要多给他倾诉的时间；如果发现他对某个话题不感兴趣，就要及时更换一个他感兴趣的话题……

总之，我们要让孩子感受到我们的真诚和用心。唯有这样，他才会愿意说出自己的心里话，从而实现良好的交流效果。

●善用肢体语言与孩子交流

我们与孩子的交流方式，不只有语言沟通，还有非语言沟通。所谓非语言，就是肢体语言，如表情、手势、动作等。我们在与孩子交流的时候，不妨多采用肢体语言。比如，当孩子兴高采烈地谈论起他所做的一件事情时，我们可以拍拍他的肩膀，可以竖起自己的大拇指，以此来激励他；当孩子伤心地说起自己所受的委屈时，我们可以摸摸他的头，可以给他一个拥抱，以此来安慰他。很多时候，这种交流方式更容易打动孩子的内心，从而让他感受到愉快、温暖。

●用令人愉悦的方式结束与孩子的交流

我们与孩子的交流是否有一个令人愉悦的结束语，将会影响整个交流的效果。比如，我们与孩子的交流很顺畅、愉快，但是在快要结束的时候，却对他说：“下不为例，不然看我怎么收拾你！”结果，孩子很可能会把我们之前所说的话都抛在脑后，而对这句话记忆犹新。那么，孩子又怎会体验到亲子交流的快乐呢？

因此，我们要用令孩子感到愉悦的方式结束与他的交流，可以说一些诸如“很高兴你能向妈妈分享你的事情”、“今天跟你聊得太有意思了，我们明天接着聊”、“跟你说话是一件让妈妈感觉很幸福的事情”之类的话，从而让孩子感到快乐、满足。

第三章
父母怎样听，孩子才肯说

在与孩子相处的过程中，我们忽略了一件非常重要的事——倾听。在孩子的成长过程中，他最佳的倾诉对象就是作为父母的我们。所以我们在与孩子交流的过程中，重要的不是对他说什么，而是听他说什么。只有善于倾听的父母，才能培养出善于表达的孩子。

18 全神贯注地倾听孩子

德国著名教育家卡尔·威特说过："我认为倾听是一种非常好的教育方式。因为倾听对孩子来说，是在表示尊重，表达关心，能促使孩子去认识自己的能力。"孩子很多时候需要的只是忠实的听众，而我们就是最合适的人选。

遗憾的是，很多父母并没意识到孩子的这个需求。也许对于我们来说，孩子的那点琐事没什么好听的，简直是在浪费自己做正事的时间。所以每次孩子说话的时候，我们总是心不在焉，装出一副很忙的样子。

久而久之，孩子将没有了表达的欲望，就像下面案例中的林琳一样，话越来越少，甚至到最后只有沉默。

由于爸爸妈妈工作太忙，林琳被送入幼儿园上全托班，一个月才能见一次爸爸妈妈。刚开始林琳也会闹脾气，每次回家后都不想再去学校。爸爸妈妈总是劝她说："林琳乖，爸爸妈妈忙，要努力挣钱才能让林琳过上更好的日子啊！"然后再次把林琳哄回幼儿园。

渐渐地，林琳越来越乖巧懂事，只是每每回到家后，都喜欢围着爸妈转，叽叽喳喳地说个不停。

"妈妈，我这个月得了好多小红花，老师每天都表扬我！"

妈妈一边看报，一边敷衍地"嗯"了两声。

林琳又对爸爸说："爸爸，俊俊老是打我。"

爸爸在看球赛，根本没听到林琳的话。

林琳生气地加大了音量："爸爸，你有没有听我说话？"

爸爸仍然盯着球赛，心不在焉地说："我在听你说话，在听呢。"

林琳看了看根本没注意她的爸妈，撅起了小嘴，她已经没兴致再说下去了。

慢慢地，她的话越来越少，每次一回到家就是看电视，有时候爸爸妈妈找她说话，她也懒得理会。直到这时，爸爸妈妈才意识到问题的严重性。

可以说，只有善于倾听的父母，才能培养出善于表达自己的孩子。倾听不仅能证明我们尊重、在乎孩子，还能拉近我们和孩子的心灵距离，让他能在我们的耐心倾听下更好地倾诉和表达。如果没有我们的倾听，孩子将越来越不知道如何表达自己。

但是倾听并不仅仅是一种简单的行为，它需要一些方法和技巧。

●多用耳朵，少用嘴巴

我们在对待孩子的时候，总是不用耳朵，只用嘴巴。把孩子的头脑当成无底洞，只是一味地训诫孩子，也不管孩子到底想不想听，能不能消化、吸收。孩子一开始也许还会反驳，但渐渐地他越来越沉默。到最后往往我们说的孩子听不进，也再不愿意对我们倾诉。

有句谚语说得好："用十秒钟的时间讲，用十分钟的时间听。"少用嘴巴，多用耳朵，往往能收到更好的谈话效果。因为倾听不仅是对孩子的一种尊重，还能让我们更了解孩子。

因此在面对孩子的时候，我们一定要注意认真聆听孩子说话，而不是没完没了地唠叨。这样孩子自然会向我们靠近，愿意对我们表达他的思想。

●用全神贯注代替心不在焉

面对孩子的诉说，我们总是表现得心不在焉。孩子感受到我们敷衍的态度，他诉说的欲望将大打折扣。其实我们要做的很简单，只需要将自己的视线从电视上、报纸上、手头的工作上转过来，认真地看着孩子，全神贯注地倾听孩子讲一些我们认为没什么大不了的事。

不要试图从中间去打断他，或是给他讲道理，只需要耐心倾听，就能向孩子传递理解、接受、赞同、支持的态度。事实上，很多时候孩子并不想听什么大道理，他只需要我们认真地倾听就足够了。

●带有感情地倾听孩子的诉说

我们在倾听孩子的诉说时，不仅要认真地听，还要带有感情地听。比如，当孩子诉说高兴的事时，我们应该积极回应，告诉他我们也很替他高兴；当孩子说起某件伤心的事时，我们可以表达出自己的理解和难过，告诉他“我明白”、“你一定很难过”……

当孩子告诉我们他在学校得到表扬时，我们也别忘了用欣赏的语气告诉他：“你真棒！”“下次一定会做得更好！”……

这样做会让孩子知道，我们不仅在听他说话，更关心他的感受。我们和孩子的沟通也会变得更加容易。

19 对孩子的谈话表现出强烈的兴趣

浩浩拿着刚买的玩具小汽车，兴奋地说：“妈妈，小晨也有个小汽车。”妈妈一边想自己的事情，一边虚应了一声。浩浩继续兴致勃勃地说：“可是他的小汽车没我的好看！他的是白色的，我的是红色的。”妈妈点了点头。

浩浩接着说：“妈妈，你看我的小汽车，一打开车门就能发出声音。”说完打开小汽车的车门，想让妈妈听听小汽车发出的声音。妈妈听到嘈杂的汽笛声，皱起了眉头：“行了，行了，你自己去玩吧，这声音真烦人！”

浩浩委屈地盯着妈妈，他想：“我是不是说错什么了？不然妈妈为什么不高兴呢？”

相信这样的场景在我们的生活中发生过很多次。每当孩子高兴地跟我们讲事情的时候，我们总是表现得很不耐烦。殊不知我们冷漠或不屑一顾的语气、态度，已经伤害到孩子脆弱而敏感的心灵。

而且，我们对孩子的谈话表现得没兴趣，会让他大受打击，失去继续说下去的动力和积极性。但是如果我们对孩子的谈话能表现出强大的兴趣，他就能从我们的态度中得到鼓励和安慰，从而更有效地表达自己，与我们进行更愉快的沟通。

我们在谈话的时候，都希望能有一个好听众，希望听者能对自己的话感兴趣，更何况孩子呢？所以我们要表现出对孩子谈话的强大兴趣，保护他表达的热情，让孩子快乐地将兴趣和愉悦传递给我们。

●对孩子讲过的事情不妨装作不知道

有时候，因为孩子讲的事情我们已经听过，所以我们没有耐心再听一次，总是迫不及待地打断孩子："你上次已经说过了，别说了，妈妈正忙着呢！"孩子满腔的热情就这样被我们浇熄。

彬彬很喜欢给别人讲故事，一次，他又拉着妈妈给他讲故事："妈妈，我给你讲个故事吧。"

妈妈每次都高兴地回答："好啊，讲什么故事？"

彬彬想了一会儿说："讲《蚯蚓和蟒蛇》的故事吧！"

"好啊，我最喜欢听彬彬讲故事了。"

"从前，有一条蚯蚓。有一天，它在路旁看到一条长长的蟒蛇正在睡觉……"彬彬开始绘声绘色地讲起了故事，讲到精彩的地方还手舞足蹈起来："蚯蚓爬到蟒蛇身旁，使劲将自己身体拉长，结果你猜怎么着？"

其实这个故事妈妈已经听彬彬讲过两遍了，但她仍然装作很惊讶地问："怎么了？最后怎么了？"

看到妈妈很感兴趣的样子，彬彬大受鼓舞，他张开双手，做着夸张的动作，说："结果蚯蚓因为用力过度，把自己的身体给弄成了两截。"

"哎呀，它真是太笨了！盲目地去模仿别人，结果自己受伤了。"

“对呀，对呀！”接着彬彬兴致勃勃地和妈妈讨论起来。

这是位很有智慧的妈妈，即使已经听孩子说过同样的话，仍然假装一无所知，并适时流露出惊讶、好奇的表情，让孩子感受到我们倾听的兴趣，进而激发他表达的欲望。

●参与到孩子的谈话中

我们不仅要对孩子的话题感兴趣，适当的时候还可以参与进去，这样更有利于引导孩子诉说一些事情的经过和想法，提高他的表达力。

比如，当孩子向我们倾诉时，我们可以坐在他的对面，认真地注视着他说：“确实是这样。”“你当时一定很高兴（伤心）吧？”……还可以抓着孩子的手，温柔地告诉他：“我理解你的心情。”……

这些附和性的话语往往能增加孩子诉说的兴趣，他会滔滔不绝地将整件事情告诉我们。

●用恰当的表情传达自己的兴趣

很多时候，我们都觉得孩子的话题简单、无趣，提不起自己的兴趣。而孩子也会因为我们漫不经心的态度，而没有了诉说的欲望。其实，我们可以通过各种身体语言和表情来传达自己的兴趣。

比如，当孩子讲一件他认为很惊奇的事情时，我们可以放下手中的事情，瞪大眼睛，张大嘴巴，做出夸张的表情，说：“这是真的吗？这真是太神奇了！”当孩子讲的事情出乎我们意料时，也可以用“大惊小怪”的神情来表达自己的兴趣。

其实很简单，不管孩子说的是一件多么简单的事情，只要我们认真地注视孩子，或是身体略微倾向孩子，并且伴随恰当的面部表情，就能表现出我们倾听的兴趣，让孩子感知到我们的关心，进而实现我们与他良好的情感交流。

20 不轻易打断孩子的谈话

闵帆上小学4年级了。以前，他每天放学回家后，都会把学校里发生的事情告诉妈妈。但现在，那个开朗乐观爱说爱笑的他突然变了一个样，变得沉默寡言了。老师经过与闵帆的耐心谈话，知道了其中的原因。

原来，闵帆的妈妈没有太高的文化，所以就把希望都寄托在了他的身上，希望他能考上一所好大学。所以，她对闵帆的学习抓得特别紧。他认为闵帆说的很多话都没有用，都是在浪费时间。所以，最近一段时间，闵帆一张口，妈妈就会打断他："别说了，光说废话，你把这说废话的心思用在学习上该多好啊，赶紧写作业去。"

一次，闵帆说了班级发生的一件事情，正说得兴高采烈时，妈妈突然说："我跟你说了多少次了，别说这些废话，你还说，你再记不住，看我不揍你！"结果，吓得闵帆一个字也不敢说了，低着头回到自己房间去了。

以前，闵帆还特别爱问个为什么，开始的时候，妈妈还回答他。可后来，妈妈就不耐烦了："别问了，你怎么有那么多问题？去，赶紧学习去！"就这样，闵帆越来越没什么话说了，而且渐渐地，他的性格也改变了。

妈妈打断孩子的话，不利于孩子提高表达能力，久而久之，孩子就会产生自卑心理。对孩子来说，对妈妈诉说内心感受是他提高表达与交往能力的好机会。如果妈妈打断他，就等于剥夺了他的这一机会，他就容易与他人产生沟通障碍，当然与妈妈的沟通也不会顺畅。

当妈妈的不让孩子把话说完而打断他时，往往出于这样的心理：

第一，总认为自己是正确的。

这样的妈妈比较顽固，不听孩子的解释，老是主观地认为孩子是在找借口。长此以往，孩子就慢慢会习惯沉默，哪怕是面对委屈与误解，仍旧会沉默不语。

星期天，一对夫妻带着5岁的儿子去爬山。爬到山顶上时，他们非常口渴，妈妈对儿子说："吴昊，把你背包里的苹果拿出来给爸爸妈妈解渴，好不好啊？"

儿子理刻拿出了3个苹果，然后竟然挨个咬了一小口。见到这种情形，妈妈很懊恼，正想劈头盖脸地训斥儿子一通时，儿子突然开口了："妈妈，我就是想先尝尝……"这时，爸爸耐着性子对儿子说："好孩子应该是懂礼貌的孩子，你这样做有礼貌吗？"

"爸爸，我想先尝尝，然后把最甜的苹果留给爸爸妈妈。"儿子奶声奶气地说。这对夫妻的心头一震，为儿子的回答感到自豪，同时暗暗自责，原来自己冤枉了孩子。

可见，有时候，我们并不总是正确的，所以，千万别误解了孩子的行为。

第二，总认为孩子有很多缺点。

我们总认为孩子有许多缺点，认为他会犯很多错误，对孩子的这种主观心理促使自己不愿意去听孩子的诉说与解释。

第三，认为孩子还小，不懂事。

这样认为的话，我们就不会有耐心听孩子说下去。虽然孩子的思维比大人的要简单很多，但他一般也能够从复杂的事情中看到本质的东西。

第四，孩子让妈妈没面子。

因为孩子的话说到了自己的痛处，让自己没面子。正所谓"童言无忌"，孩子都是想到什么就说什么，不会刻意去忌讳什么。所以，我们不妨以一种十分轻松的心态去听孩子怎么说，说不定还会让自己受到启发。

实际上，要想做一位善于倾听的妈妈，就不应该随意打断孩子的谈话，也不应该根据自己的理解对孩子的话进行过早的评论。

一个还在上幼儿园的美国小姑娘这样对妈妈说：“我是你的孩子，所以你要倾听我的话。请不要笑，这不是让你笑的，而是让你听的，否则我不原谅你。”

可见，孩子是多么希望妈妈做他忠实的倾听者，而不是评论者。

一位中国妈妈也在儿子的一句话中也悟到了倾听的真谛。一天，上小学的儿子放学回家，兴致勃勃地对她说：“妈妈，学校今天发生了一件特别有趣的事。”妈妈正等着儿子接着往下说，可是儿子却郑重其事地说：“妈妈，这些事您听着就是了，千万可别打断我啊！”

这句话让这位妈妈突然意识到，原来她老是在那里自以为是地打断儿子，使儿子根本无法完整地表达一件事。这位妈妈还进一步认识到，有时候，她对儿子说的事情的评价总是站在成人立场上，有些评价对他来说也许不太适合。从那以后，她知道，一定要认真听完孩子的话，不打断孩子，更不妄加评论他的话。

其实，这是非常明智的。妈妈一旦这样做，就能更有效地倾听孩子，孩子也更乐于表达自己。

21 用提问代替指责与说教

方磊是个调皮的小男孩，他总是在家待不住，一听到楼下有小伙伴叫他的声音，就赶紧跑出去了。爸爸为此说过他很多次，让他出去玩时一定要告诉家人一声，免得家人担心，但方磊总是忘了。

有一天傍晚，他又跑出去玩了，到了吃晚饭的时候还没见他人影。爸爸急得到处去找他，最后终于在路上碰到了正要回家的方磊。爸爸很生气，把方磊拽回家狠狠打起了他的屁股，方磊大哭起来。

妈妈见了赶紧拦住爸爸，并把方磊拉到身边，蹲下来温和地问他："小磊，知不知道爸爸为什么打你啊？"方磊停止了哭泣，想了想，回答妈妈："知道，爸爸担心我，怕我走丢呢。"妈妈抚摸着方磊的头说："对啊，你看爸爸多关心你啊，妈妈也很担心你，知道吗？那你以后该怎么做呢？"

方磊低着头小声说："我知道自己错了，以后出去玩我一定会先告诉爸爸妈妈。"妈妈点了点头："说得真好，以后出去前一定要先跟爸爸妈妈打声招呼，这样爸爸妈妈才放心。"

很多父母在见到孩子犯错时，都会像方磊的爸爸那样，不是打就是骂，再不然就是责备和说教。虽然这些打骂的行为里包含着我们对孩子的担心和关爱，但这样的担心和关爱，孩子却无法接受，甚至产生反感的情绪。

著名教育家卢勤老师说过："有效的提问可以给孩子独立思考的空间，带给孩子洞察力，从而激发好奇心，而好奇心又会培养智慧。"如果我们能用提问代替指责与说教，往往能取得更好的教育效果。因为通过提问，可以引发孩子思考和表达，进而使孩子把道理理解得更透彻。而且用提问的方式能减轻孩子犯错后的恐惧心理，并能抓住他的注意力，从而使我们与他的沟通能够继续下去。

那么，我们如何用提问代替指责与说教，才能让孩子更好地吸取教训，改正错误呢？

●引导孩子学会自我分析

童童放学回家后生气地对妈妈说："妈妈，我明天不想上幼儿园了，我不想再见到丁丁了。"

妈妈放下手里的事情，蹲下来认真地对童童说："丁丁让你这么生气，他一定做了让你不愉快的事情了，对吧？"

"对啊，就是因为我没把故事书借给他看，他就不理我了。"想了想，童童又说："不过我也有不对的地方，如果我把故事书借给他，他就不会这样了。"

妈妈听了欣慰地笑了……

可见，有技巧的提问能引导孩子学会自我分析。就像案例中童童的妈妈一样，她没有直接责骂孩子，而是站在理解孩子的角度，有技巧地提出问题，让童童自己意识到错误，并改正错误。

当孩子出现错误的时候，我们可以这样提问：“如果你一定要这样做，结果会怎样呢？”“如果别人也这样对你，你会怎么想呢？”……这样的提问给孩子自己思考和反思的时间，能让他更清楚地明白自己哪些地方做得不对，更正视自己存在的问题，并鼓足信心去克服它。

●注意自己提问的语气

很多父母虽然也是用提问的方式面对孩子的错误，但是没有注意自己的语气，造成了与斥责同样的效果。比如，有的父母会这样问孩子：“你到底有没有说谎？”“你是不是偷东西了？”……

这样的问题带上了恐吓、不尊重、武断的气息，在孩子听来，已经是给他下了判断，并不需要他的回答。这样又如何能取得好的教育效果呢？所以我们提问的时候，音量尽量要保持在正常或者低于正常说话时的水平，并且要以一种尊重而不是恐吓的口吻提出问题。

●不要连续提出多个问题

我们还要注意不要连续提出多个问题，要等孩子回答了前一个问题后，再继续问下一个问题，这样孩子才能更容易懂得我们教育他的理由，而且在这样的一问一答中，孩子也能更好地锻炼自己口语表达的能力。

22 懂得为孩子的坏情绪解套

岚岚和晓芸是一对很要好的朋友，两人从小一起长大，上同一所幼儿园，现在又在同一所小学上二年级。可是最近发生了一件事，让两人的关系越来越远。原来班上转来一个新同学，晓芸很喜欢这个新同学，经常找她一起玩。

渐渐地，晓芸和岚岚在一起的时间越来越少，和新同学在一起的时间越来越多。她与新同学的关系也慢慢超越了她与岚岚的关系。岚岚很伤心，她觉得自己失去了这段友谊。她向妈妈哭诉自己遇到的情况。

然而才刚说完，妈妈就训斥她说："就这点小事值得这样大惊小怪吗？哭什么啊？真是太没出息了。"说完不再理睬岚岚，忙自己的事去了。妈妈的态度让岚岚更加伤心，从此以后，她变得郁郁寡欢，干什么都提不起劲，遇到事情也不再告诉妈妈。

等妈妈意识到问题的严重时，岚岚已经变得非常内向，总是沉默寡言，也不爱和其他人交往了。

当孩子出现这种悲伤或软弱的情绪时，我们不应该一味地呵斥，这并不能解决问题，反而压制了孩子坏情绪的发泄。当坏情绪积压到一定程度而得不到纾解时，就会出现案例中那种情况：孩子逐渐变得沉默、内向，不善表达，严重影响到他的生理和心理健康。

所以，只要孩子没做出伤己、伤人、损坏东西的事情，我们就应该让他用自己的方式尽情宣泄坏情绪。只要他发泄够了，自然会恢复心情的平静，和往常一样有说有笑了。

耐心聆听孩子的“坏心情”

当孩子遇到不愉快的事情时，总是习惯先找他最信赖的人倾诉，而我们正好是孩子最信赖的人。事实上，孩子的不满情绪在倾诉的过程中得到了充分的宣泄。所以我们要做的很简单，只需要坐下来，耐心地聆听孩子的烦恼。

在聆听的过程中，我们要集中注意力，认真思考孩子的问题，不要因自己的事情而分心。在了解了孩子的问题所在后，我们应该用温柔的话语安慰孩子，帮助他释放紧张、伤心等不良情绪，然后再运用自己丰富的人生经验去指导孩子解决问题。

我们耐心的聆听会让孩子觉得温暖，他的“坏心情”也就会得到宣泄，受伤的心灵也能得到治疗。同时，在他倾诉的过程中，口语表达能力也得到了锻炼。

不压制，让孩子尽情地哭

其实哭是孩子情绪宣泄的一条重要渠道。阻止孩子眼眶里的泪水往下流，对孩子来说是一件很残忍的事。然而很多父母舍不得让孩子哭，或是呵斥他“不准哭”，更不用说引导孩子用哭来宣泄自己的坏情绪了。

当孩子觉得委屈、难过、害怕的时候，通常会用哭来表达自己内心的感受。而我们要做的不是哄劝孩子停止哭泣，或是强行压制孩子不许哭，而是让孩子尽情地哭，尽情地发泄。这样能让处在紧张状态中的孩子变得更轻松。

允许孩子发发小脾气

孩子总是将自己的喜怒哀乐毫无保留地呈现在我们面前，这是他的天性，同时也是他及时宣泄自己各种情绪的通道。发脾气也是孩子发泄情绪的一种方式，在他还没学会用理智的方式宣泄情绪之前，他只能用这种方式来倾倒内心的“垃圾”。

所以，我们要允许孩子偶尔发发小脾气。当然，允许并不等于纵容。当孩子以伤害他人或自己的行为来发泄坏情绪时，我们不能再让他由着性子乱来，但也不能劈头盖脸地责骂他。

我们可以通过平和的沟通找到孩子发脾气的真正原因。看看孩子是不是在学校和人吵架了，或是考试没考好，被老师批评了，等等。然后我们再“对症下药”，给予孩子理解和安慰，帮助他慢慢恢复平静。

●给孩子一个宣泄的空间

很多孩子其实都不懂得怎么发泄自己的坏情绪，我们不妨在家里给孩子一个宣泄的空间。我们只需要在家里的某个角落，为孩子准备一些拳击手套、小沙袋或是气垫，这就成了一个给孩子宣泄的空间。

当孩子生气、烦恼、压抑或焦躁的时候，让孩子去他的宣泄空间击打一番，就能起到很好的宣泄作用。当然，在建立宣泄空间的时候，我们也要告诉孩子不要刻意破坏里面的道具。

23 不压抑孩子表达的欲望

很多孩子似乎总是有说不完的话，其实这是好事，这证明他思维反应敏捷，有良好的表达能力。然而很多父母总是不分青红皂白地阻止孩子说话，用强硬的态度压抑了孩子表达的欲望。

久而久之，孩子每次说话前都要先考虑我们的想法，渐渐地变得怯懦、自卑，不敢说话，做起事来也是前怕狼后怕虎，缺乏魄力，孩子的表达能力也随之退化。

彤彤是个特别爱讲话的小姑娘，她总是有说不完的话题，经常像只小燕子一样，围着妈妈说个不停。妈妈是个喜好安静的人，为此总是呵斥彤彤：“你懂什么？”“你能不能安静一会儿？”可是每次彤彤只安静了不到3分钟，又开始叽叽喳喳地说开了。

一次，妈妈在家试一件新买的衣服，彤彤见了凑过来，刚要提出自己的意见，妈妈就叫道："闭嘴！"说着拿出了一根小木棍，"再嚷嚷就抽你嘴巴。"彤彤吓得赶紧闭上了自己的嘴巴，而且后来，她真的变"乖"了不少。开始还会在一旁小声嘟囔，一看到妈妈沉下脸，立马就不出声了。

妈妈一开始很满意自己的教育成效，但渐渐地，她发现彤彤不仅话越来越少，连笑容也少了，常常一个人缩在角落里一声不吭，在学校也不爱回答老师的问题了。这时妈妈才意识到自己的教育方式不对。

其实很多时候，孩子都在通过滔滔不绝的说话引起我们的注意和夸奖。这个时候，我们应该让孩子尽情表达自己的想法，并针对实际情况给孩子一些实质性的鼓励和帮助。

正如教育专家王财贵先生所认为的那样："教育孩子其实是一件非常简单、轻松愉快的事情，只要父母不破坏、不阻碍孩子的发展就可以了。"我们要想培养孩子的表达力，也很简单，只要不去阻止和压抑孩子表达的欲望就可以了。

当然，不阻止、不压抑并不表示完全放任。虽然我们表扬、鼓励得越多，孩子就越能说，但是也容易让孩子养成过于注重口头交流的习惯，而且容易在无意中说出一些有失礼貌的话语。这就需要我们有技巧地对待孩子强烈的表达欲望。

多给孩子讲话的机会

日本著名作家黑柳彻子的《窗边的小豆豆》一书中，主角小豆豆是个喜欢讲话的"问题儿童"，并因此而被原学校劝退。后来她转入了巴学园，开始了令很多孩子羡慕的、愉快的学习之旅。巴学园的小林校长是怎么教育她的呢?

小林校长并没有阻止小豆豆说话的欲望，而是给了她讲话的机会，让她想说什么就说什么，把所有的都说给他听。小豆豆把一些陈谷子烂芝麻的事情都搬出来说，甚至连"擤鼻涕、钻篱笆"这样的事都告诉了小林校长。

小豆豆觉得说得很开心，很畅快，她感觉"非常安心，非常温暖，心情好极了"。

其实孩子不是不愿意说话、不愿意和我们交流，很多时候都是我们没给孩子说话和交流的机会。所以我们不妨像巴学园的小林校长那样，找时间和孩子聊天，给孩子讲话的机会，并认真听他说话。这样不仅能满足孩子说话的欲望，还能提升他的表达力。

●允许孩子发表自己的意见

萍萍是个很有主见的孩子，她总是喜欢发表自己的意见，但是爸爸妈妈从来没有阻止过她。每次去买衣服，妈妈总会和她商量，问她喜欢什么款式与颜色。在这种环境下成长的萍萍喜欢独立思考，善于表达自己，在学校举行的演讲比赛中，还获得过第一名。

可见，允许孩子发表自己的意见，能让他从思考中得到乐趣，并提高他的思维能力，还能让他重新找回自信和自尊。

●教育孩子说话注意场合、对象，要懂礼貌

虽然我们不能压抑孩子说话的欲望，但也要让孩子懂得基本的说话礼仪。有的孩子虽然能说会道，但一开口就直呼长辈的名字，或是在长辈面前、公共场合高声喧哗、大叫，甚至乱问别人问题……这些情况让我们很是尴尬。

那么我们从现在起，就教孩子“称尊长，勿呼名”、“尊长前，声要低”。我们要告诉孩子对长辈不要直呼其名；在长辈面前或是公共场合，声音要放低，当然，要能让长辈听得见，声音不能是“蚊子哼哼”；在与人说话的时候，也不要随意打断他人的话，更不能在对方说话的时候，自己在一旁玩或是看别的东西。

24 允许孩子自由地表达思想

德国著名教育家卡尔·威特说过："如果孩子感到能自由地对任何事情提出自己的意见，而他的认识又没有受到轻视和奚落，他就会毫不迟疑、无所顾忌地发表自己的意见，先是在家里，然后是学校，将来就可以在工作上，自信勇敢地正视和处理问题。"

的确是这样，生活中经常会有类似这样的情形发生：

程晨的妈妈很懂得教育孩子，她从来都不阻止孩子发表自己的意见和想法。即使程晨说得没有道理，妈妈也不会指责他。

由于程晨对绘画很感兴趣，妈妈就为他报了一个美术班，并经常带他去参加一些美术展览。有一次，妈妈带程晨去参加一位名画家的个人画展，但她事先并没有告诉程晨画展上的画都是出自同一个人之手。

程晨很认真地看着每一幅画，看完后，妈妈问他："你觉得画得怎样？"

"这些画画得可真好！"程晨赞叹地回答。

妈妈又问："那你觉得好在哪里呢？"

程晨认真地说："这些画下笔流畅，笔法大胆，而且颜色搭配也很好看，不过看着像是同一个人画的。"

妈妈笑着摸摸程晨的头，说："这就是同一个画家画的，你是怎么看出来的？"

"这些画的风格大致一样，所以我猜是同一个人画的。"

妈妈听了程晨的话，满意地点点头。

程晨之所以能自由地表达自己的想法，源自妈妈平时的引导和鼓励。如果孩子生活在这样一种宽松的家庭环境，他的思维就会很活跃，从而更勇于表达自己的想法。

然而现在很多孩子在面对陌生人或陌生环境时，常常表现得畏首畏尾；在学校不敢跟老师说话，不知道如何和同龄的孩子交流；见到熟人也不知道主动打个招呼……

类似这样的现象是如何造成的呢？一方面是由于孩子本身性格内向，不喜欢说话；另一方面则是由于我们平时没有给孩子表达的机会，结果导致孩子对事物缺乏自己独到的见解，不敢自由地表达自己的思想。

其实孩子都有自己的想法，也都有主动和别人交流、表达的愿望。遗憾的是，我们很少有人能真正听听孩子的想法，甚至剥夺了他自由表达的权利。孩子的想法没人倾听，消极的情绪无法宣泄，心理问题就会随之出现。

那么，我们该如何改善这种情况呢？

●尊重孩子的各种想法

不管孩子的想法在我们眼中是正确的还是错误的、成熟的还是幼稚的，我们都要以一种宽容的心态，尊重孩子的各种想法，给他自由表达的机会。

当孩子在某件事上与我们的看法不同时，我们不能武断地下结论，认为孩子的想法一定是错的，而我们的想法就一定是对的。其实有些问题根本没有对错之分，每个人站的角度不同，接触的事物不同，得到的结论自然也不一样。

所以这个时候，我们应当尊重并保留孩子的想法。我们可以给孩子一些合理的建议或意见，但不要试图剥夺他的发言权，也不要把自己的想法强加到孩子身上。当孩子具备判断是非的能力后，自然会对自己的想法进行反思，明白哪些想法是对的，而哪些想法则需要丢弃。

●鼓励孩子参与成人间的讨论

周末，甜甜和爸爸妈妈一起去看他们新买的房子，一路上，爸爸和妈妈都在讨论新房子的墙壁应该粉刷成什么颜色。甜甜听了后也想发表自己的意见，她兴奋地拽了拽妈妈的衣角，说：“妈妈，我觉得……”

还没说完，就被爸爸给打断了：“没看到爸爸和妈妈在说话吗？大人说话，你插什么嘴？”甜甜委屈地看着爸爸：“可是我和妈妈说话，您不也插嘴了吗？”

我们总是对孩子说：“大人说话，小孩不许插嘴！”殊不知这是对孩子不尊重的表现。其实，有时候我们可以让孩子参与到成人间的话题中，鼓励他表达自己的想法。通过和我们的聊天、讨论，孩子能更了解我们的生活。同时，这些讨论还能增加孩子的社会知识，锻炼他的表达和思维能力。

此外，我们还可以召开小型家庭会议，讨论一些家庭决策和社会新闻等问题，鼓励孩子参与其中，自由畅快地表达自己的想法。

●教育孩子不要随便插话

我们要让孩子畅所欲言，自由地表达自己的思想，但是也要让孩子知道，插话是不礼貌的行为，也是不尊重他人的行为。

比如前面案例中，当甜甜插话时，爸爸可以温和地告诉她：“宝贝儿，我知道你现在要说的话很重要，但是我和妈妈现在说的话也很重要，而且总要有个先来后到，等爸爸和妈妈说完，就立刻听你说，好吗？”这样，孩子就能从我们对他的尊重中，学会尊重他人。

同时我们还要告诉孩子，在与别人交谈的时候，不要打断别人的话，等别人说完，再发表自己的见解，这才是尊重他人的表现。

25 鼓励孩子给父母讲自己的事

晴晴上小学3年级了，以前她和妈妈可以说是无话不谈，她什么都愿意跟妈妈说。可是现在她不愿意跟妈妈讲自己的事情了。因为每次放学回家，妈妈都是问她学习的事，不是问“今天学到什么”，就是问“考了多少分”。

就算晴晴说的是其他事情，妈妈也能把话题扯到学习上。而且每次跟妈妈诉说学校里不开心的事，妈妈都因为工作繁忙而没耐心听晴晴说下去，有时候甚至还会对她发火。晴晴觉得很委屈：“妈妈心情不好的时候可以对我发火，可是我心情不好的时候，妈妈为什么不愿意听我说自己的烦恼呢？”

渐渐地，晴晴跟妈妈之间的共同话题越来越少，到最后都不愿意跟妈妈讲话了。不管妈妈说什么，她都沉默以对。

我们想听孩子的心里话，想知道他内心的真实想法。然而我们平时的一些言行却将孩子越推越远，甚至让他封闭自己的心灵。比如，我们只关注孩子的学习，而忽略他其他方面的心理需求；总是一副忙碌的样子，对孩子的话置之不理；端着我们家长的架子教训孩子……

这样做又如何能引导孩子说出他的心里话？其实，只要我们能安静地坐下来，倾听孩子的烦恼和开心，他就会愿意对我们讲他自己的事。

●不用权威“镇压”孩子

孩子往往被我们要求“只需要耳朵，不需要嘴巴”，他扮演的是被训斥者的角色。很多父母喜欢用权威“镇压”孩子。当孩子想表达自己的想法时，都会被我们以“你闭嘴！”“听我的！”等言语“镇压”下去。这样孩子又如何愿意跟我们讲他自己的事？

因此我们要学会放下自己的架子和“权威”，以平等的姿态和孩子交谈，给他说话的机会，让他想说就说。这样，孩子才会愿意向我们倾诉他的事情，说出自己心中最真实的想法，而我们也能真正了解孩子的成长愿望与内心的思想。

●从孩子的兴趣点入手，引出他的话题

我们和孩子的共同话题绝不仅限于学习，其实我们有很多话题可以和孩子聊。比如，孩子喜欢的一本书、一位明星、一个电视节目……这些都可以成为我们和孩子之间的话题。

这些轻松、愉快，孩子又感兴趣的话题，往往能使孩子不自觉地打开自己的话匣子，愿意和我们进行交流。如果我们能像这样经常和孩子交换彼此的看法和意见，就能进一步打开孩子的心扉，让他喜欢给我们讲他自己的事。

●替孩子保守他的秘密

婷婷很喜欢把自己的心里话告诉妈妈，连“喜欢谁”这样的小秘密都没有隐瞒过妈妈。可是有一天，她听到妈妈和邻居阿姨在聊天，妈妈说：“现在的孩子真早熟，你看我家婷婷，才 8 岁就有了喜欢的人了，就是她同桌，还说将来要嫁给他呢，你说好不好笑？”

婷婷听了很生气，大声地说：“妈妈你怎么能把我的秘密告诉别人呢？你不守信用！”妈妈却没当回事：“有什么关系啊，你一个小孩子能有什么秘密？”说完继续和邻居聊天。但是从那以后，婷婷再也不跟妈妈说自己的事了。

孩子渐渐长大，都会有自己的小秘密，我们要尊重他的隐私，允许他有自己的秘密。我们是孩子最信赖的人，当他把自己的小秘密告诉我们时，我们一定不能将他的秘密传扬出去，而是要替他保守秘密。否则，将会伤害到孩子的心灵，而孩子也会因此关闭自己的心门，再也不会对我们讲他自己的事。当然，对于孩子不好的想法，我们也要抱以冷静的心态加以引导，并将正确的观念灌

输给孩子。

●读懂孩子心里真实的想法

当孩子向我们诉说的时候，我们也要通过孩子的言行来察觉他内心的真实想法。比如，当孩子出现沉默、哭泣、不安等状态时，说明孩子遇到了什么让他觉得受伤的事。这时候，我们可以通过拥抱、拍肩膀来安慰孩子，同时引导他说出自己的心里话，并帮助他解决问题。这样，孩子才会更乐意向我们倾诉，也更乐意给我们讲他自己的事。

第四章
对孩子的表达力进行强化训练

口才并不是天赋所决定的，表达力也需要经过长期训练才能有所提升。所以，为了能让孩子变得口齿伶俐，拥有优秀的口才，我们就要对他的表达力进行强化训练。我们需要根据孩子的特点选择有针对性的训练方法，这样他的表达能力才能得到根本性的提升。

26 语音练习是好口才的第一步

语音，也就是语言的声音，是由人的发音器官发出的、具有一定的意义和目的的、可以用来进行社会交际的语言。可以说，正是因为有了语音，语言的社会功能才能得到体现，对于语言来说，语音是一个决定性的存在。

一般来说，人的发音器官分为 3 个部分：

呼吸器官，包括肺、气管与支气管，其中肺是呼吸器官的中心，是产生语音动力的基础；喉头和声带，是发音的振颤体；口腔、咽腔和鼻腔，则是发音的共鸣器。

而构成语音的物理基础则有 4 个要素，分别是音高，即每秒钟震动次数的多少；音强，即声波振幅的大小；音长，即声波振动持续时间的长短；音色，即声音的特色与本质。

每个人所拥有的这 4 要素的特点与其他人都不尽相同，所以我们在生活中会听到不同的语音。比如，有人说话声调很高，有人则声音洪亮，有人声音甜美，但也有的人声音沙哑。

也许有人说，说话就是靠发音器官，但这器官可是天生的，因此说话的声音也就没法改变。其实不然，只要能进行有针对性的训练，一个人的声音质量也能有所改善。

著名京剧艺术大师梅兰芳先生学戏之初的嗓音就不好，嗓子不够响亮，这对唱戏的人来说是个严重的缺陷。因为当时的舞台上并没有现在的音响设备，所以无论是说话、唱戏，都必须要让最后一排看戏的人听到，也就是嗓子要洪亮、有表现力。

针对自己的缺陷，梅兰芳先生开始了刻苦练习。戏曲中歌词所押的韵称为“辙口”，他就对每一个辙口都进行机械地反复训练，最终使得每一个字、每一个辙口的发声都达到平衡，这才练出了一副甜美动人的好嗓子。

梅兰芳的故事就是提醒我们，好嗓子是能练出来的。试想一下，如果孩子在说话时能拥有一副甜美动听的嗓音，那么听众就会从他的声音中获得一种美感，从而更愿意听他说话。那么，什么才是好的语音呢？其标准有三：第一，吐字要准确、清晰；第二，语速要适中；第三，要注意语调和重音，也就是说话要抑扬顿挫。

针对这样的标准，我们可以从以下几个方面来对孩子进行语音训练：

●对气息的练习

气息是人能发声的基础与动力，如果气息不足，那么声音就会显得干瘪无力，所以我们首先要对孩子进行气息的练习，教他学会正确地吸气与呼气。

吸气练习，我们要教孩子学会深吸气，吸气时要提醒他收紧小肚子，同时将自己的整个胸腔撑开，将尽量多的气吸进去，但是不要将肩膀提起来。

呼气练习时，让孩子不要一下都将气呼出去，而是要慢慢地让气息流出，让孩子将上下齿基本闭合，只留一条小缝让气息慢慢地通过。

天气好的时候，不妨带着孩子去户外呼吸新鲜空气，并由此对他进行呼吸练习。同时，也引导他在呼吸间说话，让他吸入适量的气来进行发声准备，并利用讲话过程中的自然停顿来换气。另外，还要让孩子挺胸抬头，这会保证气息的流畅。

对气息的训练需要持之以恒，我们和孩子都不要嫌麻烦，只要坚持下去，孩子对气息的运用就能做到轻松自如。

●对声带的练习

当气息练好之后，就可以进行声带练习了。声带的练习需要由小变大，我们可以让孩子先发一些轻缓的声音，然后再慢慢地提高声调、音量。千万不要让孩子一开始就大喊大叫，否则会损伤他的声带。

●对共鸣的练习

随着声带发声练习的准备就绪，接下来我们就要教孩子学习合理运用各个共鸣器官，也就是要对口腔、咽腔、鼻腔、胸腔等共鸣器进行训练。

对口腔、咽腔的锻炼，可以通过双唇和舌头来进行。比如，可以用双唇练习 b 或 p 的音，或者前后左右运动双唇增加其肌肉灵活性；可以用舌尖与牙齿来共同练习 d 或 t 的音，或者用舌根与软腭练习 g 或 k 的音，也可以让孩子在口腔内转动舌头，以此来锻炼舌头的灵活性。

而对鼻腔的锻炼，则可以教孩子学牛叫，或者让他通过哼歌来练习。不过，此时我们也要提醒孩子不要太依赖鼻腔的共鸣，否则说话时就会出现鼻音太重的情况。

对胸腔的锻炼，则可以教他进行扩胸运动，同时还要发出高亢的声音与低沉的声音。

●对吐字的练习

学会了呼吸、发声，知道了该如何将声音利用共鸣器放大，下面就该是吐字的练习了。汉字是由音节组成的，每一个音节中，又可以分为字头、字腹、字尾 3 部分，字头也就是声母部分，韵母部分就是字腹，字尾则是韵尾。

教孩子吐字发声一定要让他能咬住字头，也就是将发音的力量放在字头之上；而对于字腹的发音，我们也要提醒孩子用正确的发音口形与响亮的音调将音发出来；在收音的时候，也要完整而清晰，也就是让孩子不要突然停止，而是要将尾音完整地发出来，但不要故意拖很长的尾音。

27 用绕口令磨炼孩子的嘴皮子

绕口令是一种传统语言游戏，其特点就是将一些双声、叠词或者发音相同、相近的字词集中在一起，组成简单而有趣的语韵，并要求人快速读出来。由于绕口令读来节奏感强，再加上字音相近，会让人觉得妙趣横生。

比如，有一则绕口令叫《小杜买布又打醋》：

有个小孩叫小杜，

上街打醋又买布。

买了布，打了醋，

回头看见鹰抓兔。

放下布，搁下醋，

上前去追鹰和兔。

飞了鹰，跑了兔，

洒了醋，湿了布。

这首绕口令就利用“杜”、“醋”、“布”、“兔”等读音来构成了混淆，如果读得不准，就会出现错误。而且，仔细想想看，这则绕口令里所描述的画面也是生动有趣的：一个孩子又是打醋又是买布，还为了救小兔子而追鹰。

显然，这样有趣的发音与场景会勾起孩子的好奇，他也许也对这读来拗口的文字产生兴趣。如果我们能抓住这个时机，经常让孩子练习绕口令，就能提升他的吐气、吐字、反应、思维以及记忆等各种能力。而且，经常进行绕口令的练习，还能避免孩子变得口吃。

那么，要对孩子进行绕口令练习，我们又该怎么做呢？

●教孩子念准绕口令的字音

绕口令要求吐字清晰、发音准确，因为绕口令的特色就是，音同调或字不同、字音相近、叠字重句，如果一个字念不准，后面的也就很难再轻松念出来了。

所以，从一开始，我们就要给孩子示范标准音，同时还要训练孩子口腔与舌头的灵活度。比如，我们可以找一些简单的字词句让孩子进行“分读—连读—快读”，让他先一字一字地读，然后再连读，最后再快速地连读。经常进行类似的练习会让孩子的吐字发声更为准确。

除此之外，我们还要加强孩子唇齿舌喉的练习，这时我们可以借助拼音的帮忙。

练唇功时，我们可以让孩子将 b、p、m、f 与韵母相拼；练齿功时，则要让孩子将 z、c、s 与韵母相拼，j、q、x 与 i、in、ing 等韵母相拼；练舌功时，就是将 d、t、n、l、zh、ch、sh 等声母与 a、e、ou、an、en 等韵母相拼；而要练习喉功，就要将 g、k、h 等声母与 a、ang、eng、ong 等韵母相拼。

这样的练习都很有针对性，因为每一个拼音要发出来都要借助口腔内不同的部分，经常进行练习，会让口腔肌肉变得更加发达，发音也会更加灵活顺畅。

●不要让孩子图快

虽然绕口令追求的是快速而准确，但我们和孩子都不能操之过急，否则如果我们因为着急而训斥孩子，那么他就会对绕口令产生恐惧心理，从而越发容易犯错；如果孩子着急进行训练，那么他可能越急越错。

所以，从一开始，我们就要有耐心，提醒孩子先一个字一个字地念清楚，不要出现咿咿呀呀的模糊音，当每个字都念清楚了，他才不会出现读音障碍，以后随着反复地念，他就会越念越熟，这些字在他头脑中的印象也会越来越深，他也就能更好地区分那些极易混淆的音，从而做到越念越快。

另外，我们给孩子准备的绕口令也要从短到长有一个过渡，应该从简单的、容易念出来的绕口令开始，这样孩子会更容易念出来，也能激发他对这奇妙语言现象的兴趣。

鼓励孩子勤于练习

在相声演员的基本功训练中，就有一项名为“贯口”的练习，通过这样的练习，相声演员的嘴皮子就越来越利索。同样道理，我们也要鼓励孩子勤于练习绕口令，这样才能见成效。

我们可以随时对孩子进行训练，比如，与孩子做游戏时，和他一起比赛说绕口令，看谁说得多、说得快、错得少，这样孩子既体会到了快乐，也锻炼了说绕口令的能力。

不过，我们也别刻意对孩子进行练习，不要像考试一样检查孩子的绕口令，尤其是在他说错的时候，我们不要严厉地训斥他，更不要强硬地纠正他的错误，而是要将绕口令练习当成一种游戏，在孩子对这游戏产生兴趣之后，他就会主动自愿地去进行练习了。

28 多阅读才能积累表达素材

有个词叫“言之有物”，就是指写文章或讲话不空洞，有具体的内容。但很多孩子说的话却是“言之无物”的，经常一开口说话就只会那么几句，不是说玩的内容，就是在那里没意义地大喊大叫，要不就是说起话来词不达意，让人既无法理解又哭笑不得。

2004 年 9~12 月期间，上海市举行了“我爱祖国语言美”中小学生普通话比赛，比赛分为初赛、复赛、半决赛和决赛。初赛只是网络答题，等到了复赛，评委们开始发现问题了。

当时上海各区县几千名选手参加了复赛，复赛的形式是以抽签的方式提供各种各样的话题，给学生10分钟准备时间，然后进行即兴演讲。其实比赛所提供的话题范围非常广泛，世博会、交通法规、城市环保……各种各样与国家、城市发展密切相关的主题可谓应有尽有，而且还有许多类似于“业余时间如何安排”、“如何与同学相处”等与学生们的学习生活紧密相关的话题。

真正到了比赛的时候，评委们却发现“居然有那么多的孩子不会‘说话’”。很多孩子比赛时都表现得格外紧张，说话时眼神飘忽不定，甚至不敢看着评委，也不敢正视前方，说话声音也几不可闻。更重要的是，孩子们答题的思路太单一了，很多孩子上台就无话可说。原本每位同学有3~5分钟的演讲时间，可却很少有孩子能说满3分钟，更别说到5分钟了，甚至有的孩子只说了3句话就结束了演讲。

孩子们在演讲时说不出足够的内容，也许这里面有多方面的原因，但孩子们见识少、缺乏必要的表达素材却是很重要的一个原因。

看看比赛中提供的各种话题，其实孩子只要多留意一下新闻，多看一看与此相关的杂志报道，或者平时多阅读些书籍，就能积累足够多的讲话素材。

所以，若想要避免孩子出现“言之无物”的情况，我们就要鼓励孩子多阅读，培养他从小养成爱读书的习惯，以此来丰富他的表达素材，并提高他的表达能力。

●用生动有趣的书调动孩子的阅读兴趣

对于孩子来说，阅读大量的文字是个“繁重”的工程，那么为了能让他有兴趣将这个工程继续下去，我们最好先用一些生动有趣的书来抓住他的兴趣，让他能产生主动阅读的意愿。尤其是对一些年龄较小的孩子来说，那些拥有奇特想象空间、情节生动且有趣的书籍最能吸引他的注意力。

所以，最开始我们可以陪着孩子一起看这些充满童趣的书，和他一起阅读，并在读完后鼓励他说一说刚才的故事主要讲了什么内容。这样一来，孩子就会沉浸在故事阅读之中，同时也会想要看到更多的故事，这时我们再按照他的喜好来为他准备更多的书。

●多为孩子准备知识类书籍

如果说兴趣能带领孩子走进书的世界，那么知识就是孩子从书中获得的最为宝贵的财富。所以，我们要多为孩子准备知识类的书。

既然是知识类的，就应该包罗万象，所以历史、地理、天文、自然、文学、科技、生物……这些我们都要尽量为孩子准备好。但是我们也要提醒孩子，虽然看的知识类书多了，可也不要因此就四处卖弄知识。知识是学不完的，只学了皮毛就在人前显摆，显然是不明智的举动。我们要培养孩子有如饥似渴了解知识的精神，鼓励他不断积累更多的知识。

●用传统道德类书籍提升孩子的表达内涵

虽说多阅读可以积累表达素材，但是在所有阅读书籍中我们一定不要忘记为他准备足够多的传统道德类书籍。如果孩子能多阅读这样的书，那么他的表达不只是拥有丰富的素材，还将带有与众不同的内涵。

对于小学生来说，我们可以给他准备《弟子规》、《三字经》等一些朗朗上口的传统道德书籍，鼓励他自己阅读，如果能背下来当然更好，这样将来他再开口或者动笔时，一些带有深刻哲理的文言文就能脱口而出，他的表达也会更有深度。

29 训练孩子的速读能力

这里所说的“速读”，不是让孩子一目十行地去看书，而是让他进行快速朗读的训练。也就是在读的过程中尽量少停顿，而且还要吐字清晰，发音准确。

妈妈很喜欢读书，而女儿受到了妈妈的熏陶，从小也喜欢阅读。但是妈妈发现女儿的读书速度很慢，经常是自己已经读完两本书了，女儿那里一本书才翻了一小半。妈妈觉得女儿这样知识吸收得太慢也太少，等到需要表达的时候，她可能都调不出可用的素材。所以，妈妈决定提高女儿的速读能力。

于是，妈妈挑了一些文字优美且富有感情与哲理的文章来让女儿进行快速朗读，在读之前，妈妈会先给女儿作一个示范，让她看看怎样的阅读才是真正的速读。

女儿一开始要么是读得太快而没有记住内容，要么就是因为太快而读错了字音或者丢掉了某些字词，但妈妈却一直鼓励她，提醒她集中注意力，放大自己的视野，让视线更加灵活地扫到更多的文字。不仅如此，妈妈还经常将一篇文章让女儿反复速读许多次，等到了后来，女儿甚至已经可以背诵这些文章了。

最终女儿的速读能力越来越好，而她无论是语言表达还是动笔写作，也都显得比同龄人更胜一筹。

由此看来，速读是训练孩子表达能力的一种极为有效的方法。而且，速读训练可以不受时间、地点的约束，只要孩子的手中有一本书或者一篇文章，他就能自行进行速读训练。我们可以担当孩子的监督员，听听他哪个字说得不清楚，哪个字读错了读音，然后以平和的方式给他指出来，这将更有利于他在速读上的进步。

不过，速读也并不只是单纯地“让孩子快速地读”这句话这么简单，它还有许多具体的训练方法。

●提醒孩子抓住速读的主线

有的孩子在刚开始进行速读时会显得有些盲目，他的阅读速度也许很快，但往往读了一遍却没有什么收获，抓不住阅读的主要内容。

遇到这样的情况时，我们也不要着急，可以提醒孩子注意一下文章的题目，许多题目都提示了文章的主要内容。这样再去读书时，孩子就会从题目中大概猜到文中的主要内容，他也许就能更快地抓住阅读的主线。当每次快速阅读都能有所收获时，孩子也会对速读更加感兴趣，下次没准儿他就想要读得更快、了解更多了。

●教孩子学会“眼脑直映”

所谓“眼脑直映”，简单来说就是眼睛看到的内容直接反馈到大脑。

有些阅读速度慢的孩子，不是脑子跟不上眼睛，就是脑子想得太多，眼睛已经不知道该放在哪里了。为了能将文章读下去，有的孩子会用手指、笔尖甚至尺子来作为辅助工具，以免自己读串了行，或者读乱了顺序；还有的孩子阅读时脑袋会跟着视线所及的位置不停地摆来摆去，以免漏读；更有的孩子一行文字已经读过去了，还要再次返回去看一遍，以免忘记。

由于眼睛和大脑配合不默契，这样的阅读就会很慢。鉴于此，我们要教孩子学会“眼脑直映”地去阅读，即是眼球要随着已经读过去的文字而移动。

我们首先要提醒孩子保持一个正确的阅读姿势，也就是眼睛与书本的距离要适当，而且要去掉那些辅助工具，用视线来取代手指、笔尖和直尺，眼球的扫描要尽量准确，尤其是从上一行的末尾移至下一行的开头时，更要看准确。同时，我们还要为孩子创造一个较为安静的阅读环境，这也能保证他内心平静，从而更专心阅读。

●帮孩子掌握阅读的节奏

阅读也讲究节奏，有的孩子一说要速读，就一口气不带喘地快读下去，结果读到最后反而上气不接下气，读得头昏脑涨。这样的阅读只是追求了速度，却没掌握好节奏。

所以，我们可以训练孩子跟着一定的节奏阅读，比如，为他准备一些打节拍的声音，让他跟着节拍阅读，最开始的节拍可以稍微慢一些，然后逐渐加快。每当孩子按照一定的节拍读完后，我们还要问问他有没有记住阅读的内容，如果没有记住就最好再多练几遍。经过这种反复的训练，孩子的阅读自然就会既有速度又有节奏。

30 鼓励孩子背诵一些好句好段

很多孩子都有过背诵的经历，但大多数都是老师留的背诵作业，很少是自己能主动背诵的。但事实上，如果孩子能主动记忆一些好句好段，这对他的表达能力也是一种提高。试想一下，如果孩子在与人交谈中能随口说出符合谈话内容或当时情景的名言警句，这也能让交谈对方感受到孩子的知识素养。

妈妈一直很头疼儿子的写作问题，因为老师一布置作文作业，儿子就会陷于没得可写的境地。于是，妈妈便和儿子一起找了许多古诗词和名言警句。妈妈提醒儿子：“没事儿的时候就背个一两句，到时候写作文就有得写了。”

由于这些诗歌朗朗上口，名言警句也并不算太长，而且言语精练而深刻，儿子很喜欢背。一段时间下来，妈妈意外发现，除了写作能力的提升，儿子的谈吐似乎也与以前不大一样了。

以前，儿子要说明某一件事，翻过来掉过去总那么几句话，有些像是强迫别人接受他的见解；但现在，儿子居然懂得用古诗句或者名言警句来进行例证，让人一听他的言论就会自然地心服口服。而且，由于有了这些好句好段的辅助性描述，儿子无论说什么都显得那么一针见血，让听的人都能很容易就明白他所说的主要内容。

妈妈不仅感叹，原来背诵这些好句好段，不管是文字表达还是语言表达，都能让儿子有如此大的提升啊！

也许这位妈妈的发现算是她的意外收获，但实际上，背诵大量的好句好段的确会让孩子的谈吐提升一个档次，使他的表达变得更加有力度、有内涵。所以，我们也要鼓励孩子多背诵一些好句好段，这会为他的表达加分。

●帮孩子选择朗朗上口的诗句和段落

对于孩子来说，背诵其实算不得是一件快乐的事情，所以我们要帮孩子将这个过程变得快乐一些、有趣一些。在准备背诵材料时，我们最好选择那些朗朗上口的诗句和段落，比如《唐诗三百首》、《宋词三百首》，或者外国的如泰戈尔的《新月集》等，这些文字都包含有一种韵律美，会让孩子更愿意去背诵，他背诵起来也会省力许多。

另外，我们为孩子找的句子或段落也不要很长，尤其是句子，否则孩子背起来困难，还理解不了句意，他可能很快就对背诵失去兴趣了。

●教孩子学会理解背诵

背诵其实不只是照搬记忆，与之相比，有时候理解背诵可能要记忆得更快一些。所以，我们也要教孩子学会用理解去背诵，也就是说要能理解那些句子和段落的基本含义，把握它所表达的思想内涵，而且背的时候我们也要提醒孩子加入一定的思想情感，这将能使他更好地领悟文字的含义，帮他牢固记忆。

●提醒孩子学会灵活运用好句好段

有些孩子虽然背过了许多好句好段，但到了真正要用的时候却拿不出来。

所以，我们要教孩子灵活调取头脑中的文字，在他背诵之前给他简单讲讲这句话或这段话都说了什么内容，或者引导孩子通过自己的思考来抓住文字的主要内容，这将方便他日后选择情景使用。

比如，孩子的同学在一次小考中成绩很不好，感觉很沮丧，我们可以提醒孩子想想那些鼓舞人的诗句，他可以鼓励同学说：“失败是成功之母。”这时，他的同学也许就不会太过分纠结自己的失利，可能还会感激他的鼓励。所以，孩子背过的那些好句好段，只有能真正地应用，他的表达水平才能得到提升。

31 注意丰富孩子的词汇

如果将一句话比喻成一棵树，那么其中的“主谓宾”是树的主干，而剩下的词汇修饰则是树的枝杈与树叶。显然，如果只有简单的“主谓宾”，这句话的确说得很明白，但却光秃秃的没有感觉；如果加上各种各样的词汇进行修饰、补充，那么这句话立刻就会变得“枝繁叶茂”，生动起来。所以，词汇就是良好表达能力的建筑材料，更是好口才的根基。

班里举行即兴故事演讲比赛，前面几位同学不是讲一个搞笑的故事，就是来一段随景演讲，大家虽然都听得认真，但几位同学之间似乎也拉不开档次。

轮到一位男生上台时，就见他先是深吸了一口气，接着就说道：“春日融融，春风习习，春水潺潺，春草青青。踏青郊外，好一片花红柳绿；一阵风起，却又见纷红骇绿。然此美景，那一人却为何红愁绿惨？欲知后事，且听我慢慢道来……”

只短短几句，却立刻就吸引了所有同学的注意力，大家都好奇地瞪大了眼睛，就想听他接下来要说一个怎样的故事，连身为评委的班主任和语文老师，也忍不住竖起了耳朵。

这位男生的开场白，一连4个春字打头的四字语，又接着一串“红绿相间”的成语布下场景，恐怕谁都会想要知道接下来发生什么了吧？这就是一个拥有丰富词汇的孩子，正是这些词汇才给他的演讲增光添彩。

不过，也有的妈妈对此不以为然，她认为，孩子说话应该言简意赅，是什么、要什么、怎么样、怎么办，只要说清楚就可以了，加那么多“没用”的词汇，不是显得啰唆吗？

那么，我们就先来看这样几个句子：

草地上有一朵花。

碧草青青的草地上有一朵鲜艳的花。

宛如一块绿色地毯的青草地上，一朵金黄色的花绽放着笑脸。

究其本意，3句话是同一个意思，但比较下来，显然后两句的表达会让我们更有画面感，尤其是第三句，加入了诸多形容与描述的词汇，我们眼前仿佛出现了一幅画。

当然，我们不排除一些言简意赅的话会让人更容易明白说话者的意图，但有时在话中加入丰富的词汇则会为表达增色添彩，所以我们还是应该引导孩子积极扩大词汇量。

通过介绍各种名称来增加孩子的词汇量

在与孩子交谈过程中，我们要多向他介绍周围各种事物或者某些行为、活动的名称，这是增加他词汇量的一个简单而有效的方法。

比如，上学放学路上，和他说说路边都有什么；与他一起逛公园时，告诉他各种花草树木、娱乐设施的名称；和他一起吃饭时，给他讲讲食料的名称、菜的名称；多用一些词汇来为他描述遇到的现象；等等。

当孩子听得多了，词汇量在不知不觉中就有所增长了，而且我们这样的做法，还有助于孩子区分不同词汇在不同场景下的使用情况。

●鼓励孩子用不同的词叙述同一事物

中国的语言文化博大精深，可以用很多词来描述同一种事物，比如前面提到的对“草地上有花”这句话的描述。所以，我们要鼓励孩子用不同的词来描述同一种事物，这也是丰富他词汇的好方法。

还用花朵来举例，看见一朵花，我们可以鼓励孩子想想用什么样的词汇能够形容它，比如美丽、漂亮、妖娆等；或者我们也可以让孩子来描述一个场景，“公园里有很多人”，可以让孩子加入对公园的描述、对人的描述等。

我们要有意识地引导孩子多用不同的词汇来描述同一个事物，同时我们也要尽量多说一些新鲜的词语，来巩固、强化孩子对更多词汇的记忆与运用。

●帮孩子在“感知”中丰富词汇

“闻一闻”、“摸一摸”、“尝一尝”、“听一听”、“看一看”，这些都是孩子的感知行为，很多词汇也存在于这些感知中。

比如，学习“香气”这个词，我们就可以带孩子走到户外，让他闻闻青草的清香、闻闻花儿的芳香，嗅嗅野果的甜香；学到“粗糙”，就让孩子摸摸老树的树皮，摸摸砂纸的砂面；讲解“咸味”，就让他尝尝盐；讲到“动听”，就放优美的音乐给他听，或者鼓励他唱歌；若是说起了“五颜六色”，就带他去看花朵、彩旗，看街上人们穿的衣服；等等。

感知会带给孩子对词汇的最真实也最直接的感受，这样就等于让他用身体记住了词汇，他对词汇的印象也会更加深刻。

●提醒孩子词汇要用对地方

虽然要丰富孩子的词汇，但我们也要提醒他用对地方。比如，有的孩子说“街上的车琳琅满目”，琳琅满目的意思是比喻各种美好的东西很多，多指书籍或工艺品，用来说汽车，明显不合适，这就是孩子对词汇的不恰当使用。

所以，我们在丰富孩子词汇的同时，还要提醒他弄懂词汇的具体含义，并教他正确地使用。针对这种情况，我们可以给孩子准备好各种词典，如《新华字典》、《现代汉语词典》等，以及一些经典文章或书籍，这些文章或书籍中的优美的文笔，会清楚地告诉孩子什么词在什么情况下该如何使用，从而减少他出错的机会。

32 教孩子学会复述

复述，就是要孩子在理解与记忆的基础上，对书面材料或某些话进行思考整理，重新用自己的语言来进行有条理、有重点的表述。复述也是训练孩子表达能力的一种有效的方式，更是一种重要的方法与途径。

孩子要复述的要么是书中的文章，要么是我们说出来的话，这些文字都是标准而规范的，无论是用词还是前后衔接，都是比较正确的。所以，孩子在复述的过程中也会学会正确的叙述方式、正确的词汇用法，以及在某些语境下该如何表达自己的意思。

但有的妈妈可能会有误解，认为复述就等同于背诵。

妈妈一直觉得10岁的女儿表达能力不好，后来她听人说让孩子复述一些好文好句，孩子就能学会正确的表达方式，表达能力也会有所提高。

于是，妈妈就给女儿买来了《小学生好词好句好段好文大全》一类的书，每天女儿一做完作业，妈妈就会督促她看这些书，然后就要求她复述出来。但妈妈的这个“复述”要求有些严格：要求女儿的复述与原文必须一字不差。

原本老师课堂上留的背诵古文诗词一类的作业就够费劲的了，现在又加上要背这些毫无规律的文字，女儿觉得自己背不过。

有时候，妈妈一检查，发现女儿复述得错误连篇，就会训斥她。女儿委屈极了，她越发不喜欢看这些书了，更感觉不出那些所谓的好文好句有什么好。

结果，妈妈对女儿的复述训练，以失败告终，女儿的表达力依然没有提升，而且又加上了一个不愿意看书的新“习惯”。

复述并不是背诵，而是一种在记忆基础上的再创造，孩子要通过自己的思考来对文章内容进行综合概括，并通过取舍文字以及联想，来精心组织安排自己的语言，在不改变原文大意的前提下，将文章内容重新准确流畅地讲述出来。因此，只有正确地对孩子实施复述训练，他的表达能力才能真正得到锻炼。

●选择合适的材料对孩子进行训练

对孩子的复述训练，我们不能着急，不能一上来就给他准备很长很复杂的材料，否则他会失去信心与耐心，更会失去兴趣。所以，我们要先准备一些短小精悍的材料，一般来说，200 字左右的小文章就比较合适了。我们也可以将一些文章录下来，让孩子多听几遍，再进行“听后复述”。

另外，我们为孩子选择的复述材料，除了长短合适，内容也要合适。我们要根据孩子的年龄、性别、性格等特点，为他选择他容易理解的、内容具体生动的文章，文中的句子、段落也不要太长，而且内容也要带些知识性与趣味性，这样孩子会更愿意看，也更愿意复述。

●用问题来帮孩子串起复述的主线

孩子在最初复述时也许会不知道从何下手，我们可以提几个问题来帮助他回忆。比如，他看完了一个故事，我们就可以提示他“故事里都有谁？”“他们做了一件什么事？”“他们互相之间都说了什么话？”“故事的结局是怎样的？”这样一些问题能帮孩子尽快回忆起整个故事的各方面内容，这也有利于他进一步理解与掌握文章的前后关系，从而更好地发挥自己的想象力，更好地将故事复述出来。

●选择多变的内容让孩子进行复述

除了用文字来对孩子进行复述训练，还有其他许多内容也能起到复述训练的效果。比如，孩子参加了学校举行的某项活动，那么当他兴高采烈地回到家里时，我们就不妨趁着他余兴未尽时，让他将学校里的活动情景复述一遍；还比如，我们全家一起看了一部很有意义的动画电影，电影结束后，我们也可以引导孩子将电影里讲的故事复述一遍。

这就是说，我们对孩子进行的复述训练也不要那么死板，除了图书，参加各种活动，或者看电影、电视节目时，也可以让他复述活动内容或者影视节目内容，这都可以锻炼他的复述能力。

33 要给孩子争辩的机会

很多妈妈不喜欢孩子争辩，认为他是在顶嘴。因为在我们看来，他之所以会受到批评，就是因为他做得不够好，或者完全做错了，面对自己的缺点和错误却还要进行辩驳的孩子，显然就是在进行无谓的狡辩，我们当然不能惯他的这毛病。

可是，如果我们连争辩的机会都不给孩子，连说话的权利都要从他身上夺走，我们又该拿什么来锻炼他的表达能力呢？

妈妈在校门口已经等好久了，但儿子依然没有出来。妈妈叫住了儿子的几个同学，向他们打听情况，几位同学张口就说：“他被老师留下了。”妈妈一听就皱起了眉头。

后来，儿子终于出来了，看见妈妈后，他小跑了几步，刚开口叫了一声“妈妈”，妈妈就立刻打断他说：“听说你被老师留下了？是不是又干什么坏事了？你说你就不能让我省点心？你不嫌丢人我还觉得脸上难堪呢！”

儿子睁大了眼睛惊讶地看着妈妈，他连忙说：“不是的，妈妈。是……”

“是什么是？”妈妈又打断了他的话，“少跟我狡辩，做错了就得给我好好改！好好听老师的话！要是你再这么不听话,回头我让你尝尝你爸的巴掌！”

儿子沉默了，他不断用手搓着衣服角，想要说话，但却又不敢开口。最终，他只得默默地跟着妈妈回了家……

孩子到底因为什么才被老师留下？他究竟想要说什么？想必妈妈依旧没弄明白。她只不过是顺着自己的想法训斥了孩子一顿，根本没想过孩子是不是受到了“冤枉”。

也许我们认为这是防止孩子顶嘴的好方法,但如果我们一直这样对待孩子，他可能就会越发不愿意和我们多说话，也越发不愿意甚至不会解释问题，那么未来也许在他身上就会出现更大的误会，从而影响他的个人发展。

事实上，孩子的申辩从某种意义来说恰恰是他有自己的思想的表现，我们不能凭借自己的猜测就觉得他在顶嘴，而是要给他辩解说明的机会。

●理智看待孩子的争辩

身为一个成年人，却要被孩子辩驳，这在有的妈妈看来是一件很没有面子的事情。但换一个角度来想的话，孩子会主动辩驳，这代表他动了脑筋；他有想要将自己的想法说出来的意愿，有表达的欲望。既然孩子爱思考又愿意表达，我们不是应该为此而感到高兴吗?

所以，遇到孩子争辩时，我们别如临大敌，而是要冷静下来，耐心听听他说了什么，哪怕他说的是错的，我们也应该在他说完之后再给予评价。否则，对孩子的话一点也不听，我们又该如何了解他？他又怎么肯愿意向我们敞开心扉呢?

●尊重孩子的争辩

有的妈妈会轻视孩子争辩的理由，认为他就是在无理取闹，让他随便说说也就完了，至于以后，当然还得是“妈妈的要求最大”。

但是，如果我们轻视孩子争辩的理由，那我们就不知道他是怎么想的，也就不了解他的思想，而他也会从我们的态度中感觉到自己的争辩可能是错的，并从此再也不愿与我们争辩，甚至不愿再开口。

因此，既然我们允许孩子争辩，那就要认真地听，耐心地听，听听他为什么要反驳以及反驳的具体内容，分析他为什么会有这样的争辩，回忆一下我们之前的教育是不是有问题。孩子的争辩也许能带给我们教育的启示与进步，所以一定要用尊重的态度去对待。得到我们尊重的孩子，日后再表达自己的意愿时才会更流畅，也会更勇敢。

●引导孩子进行自我分析

允许孩子争辩，并不是说我们就要被他牵着鼻子走，我们鼓励的是孩子敢于表达的勇气，敢于说出自己心里想法的勇气。但与此同时，我们也要提醒孩子不要回避自己真实的错误，而是要勇敢面对问题，不要找借口遮掩。

当然，我们先要给孩子打一个“包票”，那就是不会因为他一时没有认识到自己的错误而训斥他，也不会因为他犯了错而指责他。我们可以引导孩子去思考自己的做法，让他自己找到问题，并主动去改正。这样一来，孩子才能真的变得既能言善辩，也明辨是非。

●不要让孩子胡搅蛮缠

有的孩子借争辩为名，实际却是在胡搅蛮缠，这时我们就要注意了。真正在争辩的孩子说出来的内容有理有据，能引发我们的思考；而胡搅蛮缠的孩子说的都是有利于他的歪理，甚至会撒娇耍赖，只为逃脱自己的责任。

面对胡搅蛮缠的孩子，我们也不要训斥他，谩骂、体罚就更没必要了。我们可以先不予理睬，等他冷静下来后再和他进行沟通，帮他认识到自己的错误或缺点，鼓励他勇敢面对。

34 给孩子描述事物的机会

我们最初在教孩子认识事物时，会用一种引导性的语气，让他自己将所看到的与那个事物有关的一切内容都说出来。

比如，在认识汽车玩具时，我们和孩子之间也许就会有这样的对话：

我们指着小汽车玩具问："那是什么？"

他会说："小汽车。"

我们接着问："什么颜色的？"

他回答："红色的。"

再接下来，我们就会继续问他："上面都有什么呢？"

而他可能就会一样一样地说给我们听："上面有白色的车灯、蓝色的小旗子，在前面还画着两只眼睛，还有一个大嘴巴，它在笑呢！"

其实这样的对话，就是在让孩子对他所看到的事物进行描述。

只不过，随着孩子慢慢长大，我们似乎越来越少让孩子描述事物了，更多的是我们向孩子的脑子里"灌输"各种知识，我们不断地让他要"记住"，却忽略了他自己的思考。而这样所产生的后果就是，孩子的头脑变得死板起来，他只会机械地记忆我们所"灌输"的东西，却不会组织自己的语言来表达自己的感受。

因此，我们不要剥夺孩子用自己的语言描述事物的权利，要经常让他调动自己的知识与大脑中存贮的词汇来描述事物，这不仅会使他的思维更灵活，也能使他的表达更流畅。

●用图文并茂的图书启发孩子“说书”

图文并茂的图书会激发孩子的好奇心，使他产生一种想要描述的愿望。所以，我们要鼓励孩子用自己的语言描述书中的画面。最开始，他的描述可能很简单，我们不要“嫌弃”他的简单，而要引导他开阔一下思维。

比如，一幅公园游乐图，最初孩子说出来的可能只是“公园里有很多小朋友在玩”。我们先要肯定他描述的准确性，然后就可以问问他“公园里都有什么样的景色呢？有哪些好玩的游乐设施呢？小朋友们分别都在玩什么呢？他们玩得开心吗？”这样的问题会提示孩子想得更宽，并引导他进行更为仔细的观察。当他由一个话题说开去之后，也许他的思维就会被调动起来，他的描述就会丰满许多。

●带孩子多观察各种生活场景

除了图书，生活场景就是孩子最大的“训练场地”。我们可以给孩子布置个小任务，让他描述一下“全家人的星期天”；也可以带孩子去菜市场，让他说说他的所见所闻；或者带他走进大自然，让他组织语言来进行一番与景色有关的小演讲；等等。由于这些生活场景都是孩子所熟悉的，所以他也许会更乐意开口进行描述。

●给孩子创造一个轻松的描述氛围

虽然我们希望孩子能随时将他的所见所闻所感说出来，但也不要总是对孩子说“来，给我说说你看到的”，时间久了，他也会觉得很无聊，而且他可能还会将这种描述当成是一种任务。所以，我们要经常变换一下说法，即便想要让孩子描述某一场景，也不要说得很直白。

比如，外面下雨了，我们不妨和孩子一起站在窗前看，然后我们自己就可以先说一句：“下雨了，外面的树叶被雨水冲刷得真干净啊！世界好像被清洗过了。”听到这样的句子，也许就会勾起孩子想要表达的欲望，他可能就会顺着我们的话继续说下去了。

另外，我们还要针对孩子的个性兴趣来引导他描述，比如，他性格内向，我们就没必要非带他四处跑，完全可以让他在家对家里新买的一个书柜进行一番描述；他喜欢飞机模型，那就带他去军事博物馆，让他一边参观一边说出自己的看法；等等。

总之，我们只有给孩子创造一个轻松的描述氛围，他才能感受到快乐，他才会愿意主动表达。

●规范孩子描述的语言

孩子最初的描述也许是粗糙的，可能会想到什么就说什么，甚至会语无伦次、乱用词汇。我们鼓励孩子表达，但也要从一开始就规范他的表达，在他说得比较乱时，就要提醒他找到描述的中心主线；在他用词不当时，则要启发他再想想还有没有更合适的词语。

35 教孩子学会讲故事

讲故事可以说是一种更进一步的表达训练。因为要讲一个故事，就需要有故事的起因、经过、高潮、结果，需要有角色、时间、地点、事件。也就是说，孩子只有进行更为深入严谨的思考，才可能将自己想要表达的故事完整地讲出来。

不过，有的妈妈可能认识不到让孩子自己讲故事的重要性，她更习惯于自己给孩子讲故事，她觉得，孩子讲的故事太乱，太没有故事性。但殊不知，正是我们对孩子的不培养，他才习惯了只听不说，更不会讲故事。

为了避免这种情况发生，我们可以向下面这位妈妈学习。

妈妈应儿子的要求，又给他讲了一个《哈利·波特》里提到的小故事。儿子听得意犹未尽，便要求妈妈再讲一个。

但妈妈却佯装疲劳的样子捏了捏额头说："啊，不行了。妈妈头好疼，总看书好累。儿子，其实《哈利·波特》的作者也是通过自己的想象才讲出这么多故事的，我觉得你的想象力也挺丰富的，不如你也给哈利他们编一个故事吧。"

儿子眨了眨眼睛，有些不自信地说："我？能行吗？我可不是大作家。"

妈妈赶紧说："《哈利·波特》的作者原本也不是作家啊！你看，你也听了那么多故事了，无非就是人物、事件，只要你把这些讲清楚，你的故事也应该很好听。来吧，我看好你哦！来给妈妈讲一个哈利在中国施展魔法的故事。"

儿子其实早就幻想过这样的故事了，这一次得到了妈妈的鼓励与肯定，他终于鼓足了勇气，开始给妈妈讲了起来……

孩子都喜欢幻想，丰富的想象力正是他讲故事的绝好素材。只要我们给他一个机会，并教他将故事叙述清楚，他也能成为一个小小的"故事大王"，而他的表达能力也会在不知不觉中得到更好的发展。

●先让孩子从复述故事开始练习

如果直接就让孩子自己讲一个故事出来，这也许并不容易，所以我们可以先让孩子从复述故事开始进行练习。

这个练习过程是在帮孩子熟悉讲故事的流程，我们也可以格外提醒孩子注意讲故事的一些要点，比如角色关系、故事的前后连贯等。随着孩子对故事复述得越来越熟练，我们就可以慢慢地尝试让他改编故事的结局，或者让他加入几个角色，改变一下故事的发展进程，帮他逐渐向自己讲故事过渡。

●给孩子续接故事的机会

有时我们在给孩子讲故事时，也可以只讲一半，引导他开动脑筋，自己去幻想故事后续的发展，并鼓励他将自己的想法讲述出来。无论他所编的故事结局是不是和原来一样，也不要管他编得是不是非常合理，我们都要给予肯定与鼓励。

除了孩子未知结局的故事，对于一些他已经知道结局的故事，我们也可以鼓励他进行续接，让他想象一下这个故事在后来又会有怎样的发展，人物角色之间又会发生怎样的变化，这也同样会激发他的想象。

不过，我们也要提醒孩子，虽然继续向下编故事是一个很有意思的过程，但他一定要向积极健康的方向去续接，不要只顾着好玩就编一些乌七八糟的情节，否则就会影响他的思维发展，而且这种毫无意义的故事也许会引起他人的反感。

●为孩子提供编故事的素材

孩子的知识面是有限的，而我们就要承担起为他提供故事素材的“任务”。比如，多为他准备各类书籍，多带他见识更多的风景，陪他一起体验生活中的种种经历，等等。在孩子编故事时，我们也可以给他一些提示，引导他用上自己周围的事物，鼓励他大胆进行想象，并给他时间，让他慢慢地将自己头脑中的故事讲出来。

●别随便打断和纠正孩子

当孩子在讲故事时，我们千万不要因为觉得他讲得不好或者讲错了而打断他，只要认真听就好了。否则，我们频繁地打断，可能会让孩子感到紧张和尴尬，也会造成他思维的“短路”，一旦他的想象发生了混乱，那么他的表达也就会随之出现问题。

所以，我们只要认真地听他讲故事就可以了，要用孩子的思维去理解他的故事。我们越是认真听他的故事，他也就能感受到我们对他的尊重，这样他讲起故事来就会越起劲，也许他的想象力还会由此展开，讲出更为精彩的故事。

36 让孩子学会科学用嗓

9岁的儿子就是一个“小喇叭”，他经常在家大声地发表各种各样的“演说”，讲故事、说笑话，就算是读课文，也会用最大的声音。如果是在外面，他的大嗓门就要再升一个八度，经常老远就能听见他又笑又喊。

可是，最近一段时间，妈妈发现儿子这个“小喇叭”好像不如以前响亮了，说话声音显得很沙哑。妈妈认为是最近天气突变，儿子又和以前一样上火了，于是就给他买了许多消炎去火的药片。但儿子连着吃了好几天，可嗓子依旧是沙哑的，妈妈不得已带着儿子去了医院。

医生经过诊断发现，儿子的嗓音沙哑是由于慢性咽喉炎导致的。而医生经过进一步了解又发现，这个孩子像这样嗓子时有沙哑的症状已经将近两年了，妈妈却一直都将其当成是上火来治，这才使他由最初的急性咽喉炎转成了慢性咽喉炎，而且最佳治疗期也已经被耽误了。

而孩子之所以会出现急性咽喉炎，就是因为他没有科学用嗓，经常大喊大叫所致的。到这时，妈妈才后悔不已。

很多孩子也和这个孩子一样，喜欢大声喊叫，不会科学用嗓。其实，孩子身体的各方面都处在成长发育期，嗓子也不例外，如果他总这么喊，他的嗓子就会由于高强负荷而受损。除此之外，一些不良生活因素，比如空气质量差，或者饮食不规律，也同样会加重孩子嗓子的负荷，甚至使他的嗓子受到损伤。

总之，嗓子是说话最重要的工具，如果嗓子坏了，孩子连话都说不出来，就更谈不上什么表达了。所以，我们要教孩子学会科学用嗓，避免嗓子的过度疲劳。

●提醒孩子养成良好的饮食卫生习惯

良好的饮食卫生习惯，可以避免嗓子受到外界刺激而变得嘶哑，我们要让孩子从小就注意用心呵护自己的嗓子。

比如，睡前饭后要及时用清水漱口；平时要注意远离尘土多、烟尘大的环境，远离刺激性味道；多注意外界温度变化，及时增减衣物，减少感冒和咽喉疾病的发生；不要吃太多的甜食，尤其是冰激凌等又凉又甜的食物，以免咽喉受到过于强烈的刺激。

另外，现在很多妈妈都喜欢吃口味很重的饭菜，不是过咸就是过于辛辣，我们除了自己要少吃，以保护自己的嗓子和肠胃之外，也不要总让孩子跟着我们一起吃这么重味道的饭菜，平时饮食应该清淡，还要让孩子多吃富含维生素的蔬菜与水果。

●教孩子掌握发声技巧

很多孩子说话都是用喊的，这显然会使嗓子受到伤害，我们要教他掌握正确的发声方法。

首先，就是发声时的用气方法，应该快吸慢呼，在呼气讲话时，肚子那里要用力。

接着，就是讲话时的姿势，讲话时不要低头也不要仰头，而是要让声道保持直立状态，这时气就会很顺畅地通过声道和共鸣器官发出来。

最后，就是发声时一定要用到共鸣器官，也就是口腔、鼻腔、胸腔等器官，这样孩子在说话时，即使用很小的力气发一个很小的音，但也能保证声音是圆润、洪亮的。

●教孩子有效保护自己的嗓子

嗓子也不是“永动机”，它也需要休息与保护。我们可以提醒孩子注意以下几点：

如果是在嘈杂的环境中，就不要大声、拼命地讲话；如果是要唱歌，就要选择适合孩子唱的歌曲，不要随便模仿成年人的歌，因为有些成年人的歌会有高音，不适合他稚嫩的嗓音去唱；说完话或唱完歌，不要马上喝凉饮料，因为这时嗓子还是“热”的，如果喝很凉的饮料，会使声带受到刺激，可以喝一些温开水来润喉；如果刚好经历过感冒、咳嗽，也要注意让声带充分休息，假如和前面事例中的孩子一样患上了急性或慢性咽喉炎，则要完全禁声休息。

●帮孩子顺利度过变声期

孩子进入青春期就会经历变声期。无论男孩、女孩，都要在这个时期注意保护好自己的嗓子。这时我们要提醒孩子尽量不要大喊大叫，尤其是不要高声唱歌。如果他的声音出现了嘶哑，我们也要安抚他的情绪，告诉他这是正常现象，等这段时间过去后嗓音就能恢复了。

37 教孩子把握说话的节奏

孩子在两三岁时，已经可以说完整的句子了。随后，他就进入了不断说话的时期，似乎是想要一下子将所有能说的话都说出来，结果他说出来的话经常像是在“打机关枪”。而还有的孩子则与之相反，说话慢吞吞的，要听他一个完整的句子得等半天。

之所以会有这样一些表现，就是因为孩子没有把握好说话的节奏。很多孩子说话都没有节奏，究其原因可能有以下几种：

第一，孩子生来就是个性子急躁的人，无论做什么都是急火火的，于是连带着说话也没有了耐心，恨不得一口气将所有想说的事情都说出来；或者他原本就是个慢性子，就算火烧眉毛他也不着急。

第二，爸爸妈妈说话影响了孩子，如果我们自己说的话就很快，孩子便也以此为范本，不自觉地模仿了我们的说话节奏。

第三，每次孩子要说什么的时候，妈妈都没有耐心听，不是催着他快说，就是总打断他。于是，他要么是不得不加快说话的节奏，好让自己能更快地将想要说的话表达出来；要么就是干脆不再开口。

不论什么原因导致的说话毫无节奏感，都会影响孩子的表达效果。

男孩说话一直都很快，周围的人经常听不清他在说什么。有时候，男孩很开心地向大家讲自己遇到的一件有趣的事，但他说得太快了，以致大家都没能听清楚他说了什么，当然更没觉得哪里有趣。看到周围人疑惑的表情，男孩不得不又说了一遍，可是这再说一遍的效果显然不如第一遍的效果更好，有几个人勉强听明白了，但这种毫无节奏感的话语却让他找不到笑点在哪里，于是男孩以为自己能活跃一下气氛，可最终却冷了场。

朋友们后来不再和男孩一起聊天，大家都说不知道他在说什么，这让男孩很伤心，结果原本开朗活泼的他，反倒整日情绪低落了。

没有节奏感的讲话方式，会让周围人听得很累，即便是好笑的事情也会因此变得兴趣全无。由此可见，有节奏地表达，是孩子维系良好人际关系的重要纽带。所以，我们要教孩子学会掌握说话的节奏，让他能在抑扬顿挫中向周围人传递他的想法。

而在这之前，我们首先要改变自己的说话方式，不论要说什么，我们都要掌握一个适中的语速与节奏。在对孩子说话时，我们要一字一句地将意思表达清楚，除了不慌不忙的态度，表达也要有条不紊。这样一来，孩子就会慢慢地主动进行自我调整，来适应全新的说话节奏。

在教孩子掌握说话节奏时,我们可以让他多听听新闻类节目主持人的说话，提醒他注意他们在说话时的节奏。告诉他，只有让话语进行有规律的变化，他的语言才能变得生动起来，才会让人更愿意听他说话。

而在孩子说话时，如果他说得很快，我们可以用自己的平静来感染他，并以和蔼的态度告诉他："别着急，慢慢说，妈妈很想听清楚你想说什么。"或者中间给他递杯水，提醒他喘口气，以此来帮他调整节奏。

如果他说得很慢，我们也要体谅他，可以说："先不用说出来，好好想想要说的话，然后再说。"这会给孩子一个在头脑中组织语言的时间，也许他再说出来的话就不会是断断续续、慢吞吞的了。

但是，我们也不能让孩子说所有话都用同一个节奏，也就是说他应该根据场合情景，学会调整自己的说话节奏。比如，如果遇到很着急的情况，那么他的语速就要快一些，该强调的地方就要重音强调出来；如果并不需要着急的情况，那么不妨将节奏放慢，只要能表达清楚自己的意思就可以了。

38 教孩子学会适时停顿

表达上的停顿，就是我们在说话时，因为各种原因而将句子断开的表现。有了停顿，会使我们能将要说的话表述得更加清楚，同时也将思想感情表达得更为突出。

不过有的孩子似乎并不会停顿，说话时，他要么是因为一口气实在喘不上来了才停顿一下，要么是不顾及句意随便停顿。错误的停顿方式，经常让听他说话的人感觉不舒服。

一位妈妈就说：

我儿子其实还是一个挺爱说的孩子，可就是有时候他说出来的话让人听着有点难受。拿前天来说，他放学回到家告诉我说："妈妈，我看见舅舅……"然后端起水杯喝起水来。我惊讶极了，因为据我所知，他的舅舅，也就是我的弟弟应该在另外一个城市，而且他也没通知我说他要来。

结果，等儿子终于把水喝完以后，他忽然又开始说了起来："……以前背的那个背包了，挺好看的，妈妈我也想要一个那样子的背包。"

说实话，当时我都不知道是什么表情，他这句话停顿的地方太容易让人产生误解了。不仅是这一次，之前他每次说话都会在莫名其妙的地方停顿一下，有时是为了换气，有时是像这次一样停下来去做其他事情。

不知道儿子在外面是不是也这样说话，我觉得我应该帮他改一改这个毛病了，否则还不知道有多少人会因为他的话而产生误会呢！

不恰当的停顿的确会让人产生误解，孩子可能并不在意，所以才会很"自然"地在自己想要停顿的地方去停顿，但我们却要提醒他，他说出来的话是要给别人听的，只有正确地停顿，正确地表达自己的想法，别人才能真正领会他的意思。

停顿有生理停顿、语法停顿、逻辑停顿、感情停顿。那么，我们就要从这4个方面入手，教孩子学会在一句话中适时停顿。

●生理停顿

生理停顿，就是指在说话时，尤其是在说到长句子时，不可能一口气说完，那么就要在中间合适的地方顿一顿，换一口气。

我们可以经常对孩子有意识地进行生理停顿的训练，比如找一两句话，先由我们来读一遍，为他指出哪里是我们换气的地方。

除此之外，我们同时还要告诉孩子，生理停顿不能到实在憋不住了才换，也不能一个字一换。这种换气，不能破坏词语的完整性，否则就会影响句意的正常表述；也不能换得太频繁，否则在他人听来，一句话就变成了一跳一跳的，语气就不连贯了。

●语法停顿

语法停顿就是根据句子中原有的标点符号来进行停顿，顿号、逗号、句号等标点符号不同，停顿的时间长短也不同。

关于语法停顿，我们还是要让孩子多听听新闻，因为新闻播音员对新闻的播报，对语法停顿往往把握得都很到位。同时，我们也要提醒孩子在老师讲课时认真听，尤其是语文老师，听听他在讲解课文时对这种语法停顿又是如何处理的。平时，我们可以让孩子多读读课文，让他通过语法停顿来更好地感受课文内容。

逻辑停顿

逻辑停顿往往是为了突出某一种语意而作出的停顿，它可以在语法停顿的基础上延长或缩短停顿时间，也可以在没有标点的地方进行停顿。

英国一位政治家有一次在伦敦参事会进行演讲，内容是向大家描述劳工的情况。正在政治家讲得激情流畅时，他突然住了口，大家纷纷猜测说，他忘了演讲词。可72秒钟之后，政治家却突然再次开口说："诸位刚才感觉到的那局促不安的72秒，其实就是每个普通工人砌起一块砖所用的时间。"就这样，他用这长达72秒的停顿，让所有的参事员都领略到了一个普通工人的辛苦，给大家留下了深刻的印象。

这就是逻辑停顿的魅力，这种格外加强或者有意加入的停顿，往往都会吸引听话者的注意力。我们可以告诉孩子，如果他也想要突出一句话中的某个内容，那么选择逻辑停顿也许会带来意想不到的效果。

感情停顿

感情停顿是在某种感情的支配之下而作的停顿，这种停顿可以不受标点符号的限制，如果有深沉的感情，那么这样的停顿会比有声的语言表达更为意义深刻。我们要提醒孩子注意他说话时的感情，抓住自己想要强调的感情来停顿，这会使他的表达更吸引人。

39 与孩子分角色朗读或表演

对于孩子来说，扮演谁谁谁，或者成为谁谁谁是一件新鲜和快乐的事情。如果我们能抓住这一点，和孩子一起分角色朗读故事或者进行表演，相信他的口才也会在快乐的气氛中得到锻炼。

女儿第一次坐飞机，除了对舷窗外那第一次见到的天空美景感到赞叹之外，她最好奇的是飞机上的空乘姐姐。看到她们穿着得体漂亮的制服，面带微笑地为乘客服务，女儿便羡慕地对妈妈说："妈妈，空乘姐姐们真好看啊！"整个旅途中，她的眼睛一直都跟着空乘姐姐转。

妈妈记下了女儿的话，等到回到家之后，妈妈找了个时间对女儿说："我们来玩'坐飞机'的游戏吧，我当乘客，你就当漂亮的小空姐。"

女儿兴奋极了，又是找衣服又是准备其他物品，等一切准备就绪后，妈妈就拎着小包，"上"了飞机，坐在了椅子上。接着，女儿就模仿着空姐开始送吃喝、送毛毯、解答乘客疑问、向乘客讲解等一系列服务。整个游戏过程中，妈妈不断地和女儿交谈，引导她模仿空姐的语气、态度、动作。

一场游戏持续了好久，最终结束时，女儿依旧意犹未尽。不过妈妈说了，以后她们还可以继续进行这种游戏，女儿对此充满期待。

这是位细心的妈妈，她抓住了女儿的兴趣，引导她通过这样的扮演学到了更多的礼貌用语。最为重要的是，不同的角色之间需要有沟通，不知不觉间，孩子的口才也得到了锻炼。

所以，如果孩子的表达不算好，我们也可以用这样的游戏来吸引他的兴趣，或者与他一起进行分角色朗读，帮他打开与人沟通的大门，提升他的人际交往能力。

●选择合适的朗读或表演内容

和孩子一起分角色朗读或表演时，材料的选择很重要。首先材料要适合孩子的年龄特点，不要太深奥，也不要太幼稚。可以在选择前先了解一下孩子的兴趣，看看他喜欢什么类型的朗读材料或表演内容，或者干脆由他自己来选择材料，或决定角色扮演内容。

当然，有些孩子可能就喜欢打打杀杀类的角色扮演，但这类扮演大多都是“动作戏”，语言也很“暴力”。面对这种情况，我们可以适当转移孩子的注意力，比如他喜欢打打杀杀，那么我们也可以找找类似《闪闪的红星》这样的有爱国主义教育意义的角色扮演，让孩子去模仿英雄的正义形象，除了培养他的口才，还能培养他的爱国主义精神。

●与孩子一起分析朗读材料

在分角色朗读时，我们要先和孩子一起看一看朗读材料，尤其是要注意角色的语言特点，引导孩子揣摩一下什么样的角色该说什么样的话。这时，我们的态度也要认真，不能因为即将扮演的是动物角色就觉得很幼稚。

我们可以和他一起讨论什么样的角色该用怎样的态度去演，该演成什么样子，也可以引导孩子自己去思考每个角色各有什么个性，这对他的思考能力也是一种锻炼。

●鼓励孩子演出角色性格

无论是分角色朗读还是表演，“演”都是很重要的行为。所以我们和孩子的表演都应该投入，声音要洪亮，感情也要丰满，要尽量绘声绘色、惟妙惟肖地将角色的性格表演出来。

所以，在经过角色分析之后，我们就要鼓励孩子发挥自己的想象，在角色性格的基础上，尽情释放自己的表演才华，将动作、表情结合语言一起演出来。

● **引导孩子自己设想台词**

有时候，有的孩子会比较死板，一说分角色朗读就照着书本读下去了，一个字都不得差。但其实也没必要如此教条，我们可以引导他自己去设想新的台词。

在朗读时，我们可以先加入自己想好的台词，并告诉孩子："我觉得这个角色在这个时刻也可以这样说，所以你也想想你还有没有更多的话要说呢？"如此一来，孩子的发散思维与逻辑思维就会被调动起来，他可能会设想出新的台词甚至是新的事件。或者我们也可以将分角色朗读与表演结合起来，这将为孩子设计新台词与新事件创造更大的空间。

40 教孩子从小学习普通话

普通话是"以北京语音为标准音，以北方话为基础方言，以典范的现代白话文著作为语法规范"的现代汉民族共同语。普通话是全体中国人的通用语言，只要能说好普通话，那么无论走到哪里，只要是说汉语的地方，我们就都能很顺畅地与人交流。

但中国地广人多，各个地区又都有自己的方言。有的妈妈认为，孩子就生活在一个讲方言的地方，如果不教他讲方言，他又该怎么生活呢？

由于生在苏州，妈妈讲的一口好听的"吴侬软语"，有了女儿以后，她整日都用一口婉转动听的话语来与女儿交流，爸爸曾经劝妈妈："也要适当地教女儿一些普通话。"但妈妈却不以为然地说："这可是她的家乡话，如果连家乡话都不会说，她怎么能算是苏州人？而且，等她上小学之后学校不就会教她普通话了吗？现在不用着急。”

但后来，随着女儿爸爸的工作调动，全家人从苏州搬到了北京，7 岁的女儿进入了北京一所小学。问题紧接着就来了，女儿从小就讲苏州话，除了最简单的“你好”、“谢谢”、“再见”，她一句完整的普通话都不会说。听着同学们用流利的普通话又说又笑，听着老师用规范的普通话讲着课，女儿宛如在听天书。而同学们也因为听不懂她的话，或者觉得她的发音好玩而嘲笑她。结果好长一段时间，她都不想去学校。

妈妈这时才心有后悔，如果当初她不是那么固执地一定要用苏州话来教育女儿，而是教女儿学习普通话，那么现在女儿是不是就不会这么痛苦了呢？

其实很多妈妈可能都有这种心情，认为家乡话很亲切，普通话等孩子上学以后再学也不迟。但就像养成习惯一样，普通话也需要从孩子学语言时开始教起，否则就可能会遇到像事例中这样的情况，孩子的内心都是敏感的，一旦他因为语言而被他人孤立，那么他就会慢慢生出孤僻的性格来。

所以，我们要教孩子从小学习普通话，这将有利于孩子未来与更多人的交流，并促进他的人际关系的发展。

●为孩子营造一个说普通话的环境

学习语言，良好的环境最为重要。所以，我们在家就要为孩子创造一个说普通话的生活环境。

我们首先要规范自己的语言，尽量保证每一句话、每一个词、每一个字都有正确的发音。如果遇到不能确定的字词，要及时查字典确定其准确的读音。在孩子面前，无论是要求、沟通还是教育，我们都要尽量使用普通话，千万不要因为觉得自己普通话水平不好就直接用方言。

另外，我们也不要对孩子方言与普通话一起教，否则他会发生混乱。我们为孩子准备的这个语言环境，要简单单一，这才能保证孩子学习普通话的效果。

●不一定在家全面禁止方言

虽然我们要为孩子创造一个说普通话的环境，但这并不意味着我们要全面禁止在他面前说方言。方言毕竟也是各民族、各地区的地方特色，如果我们完全不让孩子说方言，只允许他说普通话，那么这些多民族、多地区的方言也许最终就会消失。

所以，我们先要教孩子学会说普通话，当他有了自己的语言意识之后，普通话也就在他身体里扎了根。这时，我们就没必要刻意回避方言了，此时孩子会对一些不同于普通话的发音感兴趣，他会将这样的讲话方式当成是游戏，他也会模仿说几句方言，这也就无妨了。

●别刻意强迫孩子说普通话

一位妈妈说："现在普通话多重要啊！孩子要是一口方言，到哪儿都吃不开，我当然是要想尽一切办法让孩子说普通话了，如果不说就得命令他说。上次他说错了，我还打过他呢！但这孩子怎么就这么不体谅我呢？瞧瞧现在，一让他说普通话，他立刻一句话都不说了，急死我了！"

教孩子普通话也没必要这么严厉，如果我们总是动用外部压力强迫孩子说普通话，他就会产生心理负担，自然不会主动说了。

所以，教孩子学普通话也要顺其自然，我们可以多几种教他的形式，除了我们一字一句地教，还可以让他多听听儿歌朗诵、广播，或者看看电视新闻，哪怕是在公交车上，报站的声音都能成为他学习普通话的良好契机。我们要利用他爱模仿的天性，让他在一种随意、轻松的环境中自然学会普通话。

41 培养孩子的想象力

想象力，就是人在已有形象的基础上，在头脑中创造出全新形象的能力。拥有良好想象力的人，会巧妙利用自己的“浮想联翩”来组织语言，这样他说出来的话会显得与众不同，他口中的词汇、语句会更新鲜，更能吸引人。

在最初学习表达，也就是学说话时，孩子更多的是在模仿，模仿我们的发音，模仿我们说出来的句子，模仿我们说话的方式。再接着，他就会从书中、从各种音频中去学习。这些都是他模仿而得来的表达经验。

但随着年龄的增长，孩子总要学会通过自己的思考去说话，同时也要学会运用想象力来让自己的表达变得更加丰满。

儿子在课堂上刚学完《电脑住宅》这篇课文，放学回家后他一直很兴奋地给妈妈讲课文的内容。妈妈便趁机说：“这样吧，你想象一下我们家里要是也改装成电脑住宅又该是什么样子呢？”

儿子一听立刻来了精神，他迅速地看向周围，然后便滔滔不绝地将自己头脑中随时闪现出来的各种想法都讲了出来。什么东西变成什么样子，该怎么用，儿子都讲得头头是道。

这位有智慧的妈妈借用孩子学到的一篇课文，引发了他的想象，同时也锻炼了他的表达，由此可见，想象力是能引导孩子进行更多表达的。

人在孩童时期刚好处在想象力最丰富的阶段，所以我们要抓住这个时机，积极培养孩子的想象力，让他在与人说话时，也能说出经过缜密思考后的语言，也能有抓住人心的与众不同的表达。

●丰富孩子头脑中的表象

想象也并不是凭空出现的，而是在大量的生活经验中积累出来的。就好比听到“苹果”这个词，我们的头脑中就会立刻出现“苹果”的一个具体形象，进而还会联想到许多与苹果有关的因素。那么，苹果这个形象就是一种表象。所以，当头脑中积累的表象越多，孩子可想象的空间也就越大。

那么，我们也要多为孩子提供更多接触各方面事物的机会，比如，鼓励他多看书，带他出去郊游，和他一起听音乐，陪他去看展览，一起参与各种活动，等等。通过这些活动，我们要帮孩子在头脑中储备更多丰富的表象，开阔他的视野，以此来活跃他的思维。

当他头脑中拥有大量素材，再经过自己的想象加工，他再开口说出来的话，就会更富有知识性，也会带给人更多的新鲜感与好奇感。

●通过游戏来启发孩子的想象力

孩子都喜欢做游戏，游戏不仅可以提高孩子的动手能力、四肢协调能力，对他的想象力也有一定的启发作用。

比如，在和孩子玩拼图游戏时，除了让孩子凭借记忆力与图像拼接能力来拼合图案之外，还可以引导孩子想想怎样拼图会更加省力，或者在拼图结束后和他讨论一下还能把什么样的图做成拼图，如果有条件，我们也不妨和孩子一起将看中的图一起做成拼图，然后再让他拼。

通过这样的想象，孩子就会从眼前单个拼图玩具上逐渐扩大思考范围，在这个过程中，我们还可以引导他不断发问或表达想法，这样他的表达力也能得到锻炼。

●鼓励孩子多进行幻想

对于孩子来说，最能体现他想象力的就是他的幻想。孩子的幻想是没有边际的、不受任何框框所限制的。所以，要培养孩子的想象力，我们就不要随便阻止他去幻想。尤其是在他兴高采烈地向我们描述他幻想中的事物时，我们不要训斥他瞎想，而是要顺着他的想法和他一起想，陪他一起走进他幻想中的世界。

当然，我们也要提醒孩子关注现实，毕竟他不可能生活在幻想的世界之中。也就是说，孩子应该先注意自己眼前要做的事，要好好学知识、学能力，提升自己的综合素质，这样他的某些幻想才有变成现实的可能。

42 教孩子表达想象中的事物

虽然孩子是喜欢想象的，但是有的孩子却只会想不会说，不是无法具体描述自己想象中的事物，就是描述出来的与他想象中的完全不相符。当孩子无法与他人分享自己的新奇想法时，别人也就体会不到他的快乐，这也许会让孩子感到失望。

从电影院看完《变形金刚》之后，儿子忽然产生了一个想法：如果家里所有的家具某天都突然“咔咔咔”地变了形，在家里走来走去，那可真是件很有意思的事情。要是想要喝果汁，就喊一声“冰箱，拿果汁来”，然后就看冰箱立刻长出两只手、两条腿来，接着就打开冰箱门送出来一瓶果汁；要是饿了，直接就说“炉灶，快和炒锅一起做饭”，接着它们就能自己主动行动。啊，那该多有意思啊！

想到这里，儿子忍不住捂着肚子笑了起来，一旁的妈妈被他笑得莫名其妙，便问他有什么好笑的，儿子笑着说：“变形啊！冰箱、炉灶什么的。我要是饿了、渴了，它们自己跑来该多有意思啊！哈哈哈！”

儿子说完继续笑，可妈妈却一头雾水，因为她完全没听懂儿子在说什么，只是听到了儿子不停地在那里又笑又说，话语也显得语无伦次。妈妈忍不住阻止了儿子的“疯癫行为”说：“好了，别闹了，赶紧回家。早知道你这么闹腾，就不带你来看电影了。”

儿子被妈妈一说，刚才的开心劲头已经少了许多，心里甚至还生出了小小的埋怨。

如果孩子表达能力不好，那么他就无法将自己的想法如实地告诉他人，于是他的很多情感也就无法与人分享。所以，我们要教孩子将自己想象中的事物顺利地表达出来，和他一起分享他天马行空的想法和他的快乐。

●提醒孩子想清楚之后再说

想要更好地表述一件事情，就要在表述之前先认真想清楚，事件发生的各种因素都要考虑全面。否则，如果只是突然想到一点就开始说，那么这样的表达一定是凌乱不明晰的，不仅是听话的人听不清楚，就算是说话人自己也可能会出现混乱状况，记不住自己说过了什么、没说什么。

因此，即便孩子有表达欲望，我们也要提醒他一句“先想想，想好了再说”，给他足够的时间让他在自己的头脑中将要说什么、怎么说认真思考一下，然后再开口，这样多少能减少孩子言语混乱的情况。

●教孩子注意说话的逻辑顺序

虽然我们提醒孩子想清楚之后再说话，可是有的孩子即便是想过了，也明白自己想说什么了，却依然说不清楚，这就是他的说话逻辑顺序有问题了。就拿前面事例中那个孩子所说的话来说，正是因为搞乱了话语间的顺序，所以他的话才让妈妈听得一头雾水。如果按照正常的顺序，他应该说：“看完这个电影，我想起咱们家的那些家具，如果它们也能像变形金刚一样会变形，那我们想要什么吃喝只要张张嘴就行了，冰箱啊、炉灶啊，就能自动给我们送吃的了。”这样说来，妈妈也许就能听懂了。

所以，我们要教孩子在说话前捋顺逻辑顺序，如果是说一件事，那就要将整件事情的来龙去脉，比如时间、地点、起因、经过、结果，与事件相关的各种因素都要考虑全面；如果要描述某样东西，那就要将这件东西的外貌形状以及功用都描述出来。孩子说出来的话应该是有条理的，这样别人才能“进入”他的思想，和他一起欣赏他想象中的事物。

●和孩子一起进行“扩写”游戏

说到清晰表达想象中的事物，扩写游戏是一种很有效的训练方法。我们可以随便给孩子几个词，比如让他用“太阳、青草、小鱼”来扩写成一段有情境的文字，或者讲一段小故事，这些词越是互相之间没有联系越好，这会促使孩子的想象力更发散。

当然，我们也可以鼓励孩子说几个自己想象中的事物，然后让他用这几个事物扩写出一段话，或者编一个小故事出来，这也同样是在训练他思考后的表达能力。

43 教孩子善于观察生活

观察力是我们认识事物、辨别事物的一种能力，而只有通过认真观察了解了事物，才能更好地认识事物，也才会产生丰富的想象力与创造性思维，进而才能有良好的表达能力。由此可见，观察力与孩子的表达力是息息相关的。

一说到观察，有的妈妈也许会想得很复杂，会让孩子将观察当成作业或者任务，但其实观察应该是顺其自然的事情，生活中有很多可观察的机会，就看我们有没有抓住了。

“妈妈，买什么好吃的了？”看见妈妈进家，女儿欢快地扑过去。

妈妈将手里装菜的购物袋向她手里一递：“自己看看吧。”

女儿一样一样地帮妈妈向外拿着菜，一边拿一边说："红的西红柿、绿的芹菜、紫的茄子、白的萝卜、黄的韭黄，妈妈，您这菜颜色可真鲜艳。"

妈妈挽了挽袖子进了厨房，说："还不止呢，再仔细看看，今天的芹菜可与之前我们吃的不同。"

女儿举着一把芹菜仔细看了看："对哦。妈妈，今天您买的这芹菜比以往我们吃的那种芹菜要细好多，而且闻起来味道也似乎有些不同。"

"嗯，"妈妈满意地点点头，"还行，发现不同了。这个是香芹，味道可不同于我们之前吃的那种粗粗大大的芹菜，一会儿妈妈给你做好了你就知道了。"

女儿满心期待，准备要尝尝这新鲜的"芹菜"……

这看上去不过就是普通的母女对话场景，但实际上，妈妈在不知不觉间培养了女儿观察事物的能力。从最开始的让女儿自己去发现购物袋里的菜品，到后来引导女儿再仔细观察找不同，她的观察力在不知不觉间就得到了训练。

所以，生活就是一个最大也最好的观察场所，如果要训练孩子的观察能力，我们就在生活中寻求各种机会。在孩子观察的同时，也要训练他将自己观察的结果表达出来，这样他的观察能力和表达能力都能有所提升。

●为孩子创造观察的条件

说是创造条件，也并不要求我们做太多，给孩子准备好足够的空间和时间就可以了。在孩子对某一事物感兴趣时，我们要允许他去观察，对他提出来的问题可以给予简单的解释，或者给他小提示，让他继续通过观察找到答案。

另外，我们也可以给他准备一些观察的必备工具，比如，放大镜可以帮他将想看的事物看得更仔细，而工具书则能帮他更快地了解观察对象，等等。

●培养孩子观察的兴趣

孩子更喜欢玩，如果让他专心致志地去看某一样东西，他也许会有些不情愿。所以，我们要培养孩子有观察的兴趣，这样他才能更专心地去观察，他的观察也才会更加有意义。

首先我们要了解孩子对什么感兴趣，先用他感兴趣的事物吸引他，比如，他好奇我们在厨房的工作，那就邀请他也走进厨房，我们可以一边忙手里的活儿，一边解答他的问题，或者向他解释与做饭有关的各种知识。

在这个过程中，孩子可能会好奇地摸摸这个、动动那个，在保证他安全的前提下，我们要允许他的这种行为，千万不要说“别乱动”这样的话，否则他好不容易建立起来的观察兴趣也许会立刻消失。

●教孩子掌握观察的方法

要观察首先就要明确观察目的，就是要让孩子明确他想看什么，观察不能漫无目的地看，否则就成了消磨时间；其次，就是要有合理的观察顺序，比如从上到下、从里到外、从前到后等；接着，还要调动起全身的多种器官，触觉、嗅觉、视觉、听觉、味觉，这些感觉我们要提醒孩子都用上，这会让他的观察更加细致清晰；最后就是要将观察的结果叙述出来，这个叙述也要有一定的逻辑顺序，不能看到什么就立刻说什么，我们要提醒孩子先在自己的头脑中组织好要说的话，然后再将观察的结果完整地表述出来。

●鼓励孩子拓展观察的深度

孩子的观察有时候很简单，就是看个表面样子。举个简单例子来说，对一朵不知名的花，孩子可能只是关心这是什么花，他会直接将花的形象与它的名字相对应,然后就不再深究了。但这样的观察太简单了,也不利于他的知识储备,如果日后再遇见这种花，他可能除了能说出名字外，其他什么也表达不出来。

所以，我们要鼓励孩子拓展观察的深度，如果要观察花，那就不仅仅要知道它的名字，还要通过查找资料去了解它的各种特点，比如什么时间开花，有没有药用价值等都要知道一点，这样他的观察才算全面。

44 培养孩子的记忆力

表达，简单一些说，就是将头脑中已知的文字、知识组合成一段话再说出来。也就是说，头脑中记忆的知识越多，那么可供表达的素材也就越多。曾经有句俗话说："熟读唐诗三百首，不会作诗也会吟。"这句话的意思就是，如果读的唐诗多了，那么那些优美的句子也就被深深地刻印在了脑子里，等到要用时也就几乎可以出口成章了。

这即是说，表达力与记忆力联系密切，如果孩子没有较好的记忆力，那么他可能一开口就不知道要说什么，即便他再怎么伶牙俐齿，恐怕也无法将自己想要说的话表达出来。

妈妈一直认为，要培养儿子的表达能力，让他多说就行了。而且，周围这么多人说话，他就算是单纯模仿，也能学会表达。于是，她不太在意让儿子去主动记忆什么东西，只是一切顺其自然。

但当儿子上了小学之后，妈妈渐渐发现，儿子说话总是说那么几句，有时候即便想要表达些什么东西，但是词汇却很贫乏。有时候她去学校接儿子放学，也能发现儿子和同学们在一起时，经常说不上话，别的孩子一说就是一大串，里面夹杂着许多知识内容，但儿子除了说"很好看"之类的简单话语之外，就再也发表不了更多的意见了。

而且，课堂上老师也会要求背诵课文，但儿子每次回家后都要背好久，最终还可能记不住。

这时，妈妈才发现，最初她没有注意培养儿子的记忆力，导致了他缺乏表达素材，也使他的记忆力没有得到基本的锻炼。妈妈后悔不已，决定开始亡羊补牢。

从心理学角度去分析的话，思维与记忆都不是孤立存在的，人们靠记忆来强化思维，然后再由思维调整记忆内容，用语言将其表达出来。所以，记忆能力越强，思维能力就越强，最终的表达能力也就越强。

所以，我们要避免犯事例中这位妈妈的错误，要从孩子小时候起，就注重对他记忆力的培养，使他能积累足够多的表达素材。

●用丰富、生动、形象的材料吸引孩子

记忆，要将大量的知识装进脑子中，这显然不是一件简单的事情。孩子都喜欢玩，不愿意做让他感觉痛苦的事情，所以要想让他心甘情愿地主动去记忆，我们就先要从记忆材料上下手。

我们应该多为孩子准备丰富的材料，这些材料的形式不要太单一，诗歌、歌曲、儿歌、故事等；内容也不要太单一，介绍知识的、讲好听故事的，都要包括进去。同时，这些材料的内容也要生动形象，孩子只要读一遍，他就会被吸引进去，这样的材料才能抓住孩子的注意力，他也许会更愿意多看几遍，也更愿意去记住其中的内容。这样一来，孩子在记忆时才不会感到无聊。

●不要让孩子一次性记忆太多、太复杂的东西

孩子的大脑正处于发育之中，他对很多知识都不太理解，而且他的记忆能力也还有待开发，如果我们一下子就让他记忆太多、太复杂的东西，他也许一时会接受不了。

所以，我们在培养孩子记忆力时也不要太过着急，而是要一点一点慢慢来，先让孩子记忆一些简单的知识，比如短一些的儿歌或者三言五言的唐诗，这样的记忆材料字不多，而且读起来朗朗上口，孩子也更愿意去记。

不过，如果实在需要孩子记忆比较复杂且难记的知识的话，那么我们也可以帮孩子将那些知识分段、分部分来记忆。比如，要记一首较长的诗歌，我们可以先和孩子一起通读一遍，然后将诗歌分成几小部分，让孩子先一部分一部

分地记忆，然后再将所有部分连贯起来，让他多读、多背几遍，这样他就更容易记住了。

●督促孩子反复进行记忆

记忆力与其他各种能力一样，需要反复进行才能记得更加牢靠。否则，人脑有一个遗忘规律，如果不多重复几遍记忆的话，很快就会将知识忘光。

所以，当孩子进行了第一遍记忆之后，我们就要督促他进行必要的复习。不过，不要直接说："你得再多背一遍，不然就忘了。"而是应该委婉地说："前天你记住的那首诗歌，给妈妈再背一遍吧，妈妈觉得你背得不错呢！"孩子都喜欢听到夸奖，他也许就会主动调动记忆，以得到我们更多的夸奖。另外，我们也要引导孩子把能够运用到生活和学习中的知识经常加以运用，这也会加深他对知识的记忆。

●要让孩子劳逸结合进行记忆

人在进行各种学习活动时，大脑神经往往都处于紧张状态，尤其是在记忆状态下，更需要长时间动用脑力，这时人的大脑就容易疲劳。年龄越小的孩子，能够集中精神记忆学习的时间也就越短。

所以，我们要让孩子劳逸结合进行记忆，要帮他安排好记忆与休息的时间，不过不要让孩子玩得太疯，否则再让他回来继续记忆可能就有些难了。我们可以和他一起做做放松游戏，或者带他出去走一走，以缓解他的大脑疲劳，然后再让他进行记忆。

45 培养孩子的创造性思维

创造性思维，是一种以感知、记忆、思考、联想和理解等各种能力为基础的、具有开创意义的思维活动。

在遇到问题时，创造性思维会促使人们从多角度、多层次、多结构去思考，这样的思考方式不会受到现有知识的限制，也不会被传统方法所束缚，这样思考而来的问题答案也许才是最贴切的。而拥有创造性思维的孩子，其表达也会因为思维的开放而变得更富有内容。

儿子想要参加学校举办的绘画比赛，他画了一幅简单的山水就想交上去。

但妈妈却拦住了他，一边欣赏他的画作一边说："你不觉得这么美丽的山水小动物也会喜欢吗？"

儿子想了想说："也是，光有山水好像太空了，不过妈妈，如果画个小动物我又觉得太俗。"

"哦？"妈妈趁机说，"你可以加上想象的东西啊！比如，外星人？"

"啊！"儿子一拍手，"妈妈，您和我想到一起去了！我要加上外星人，让他们来参观，看看我们美丽的地球风景，我还要让小动物给他们做导游，然后……啊，妈妈，我要画了，我想画的东西越来越多了！"

妈妈笑着帮儿子准备好了彩笔、颜料，并说："我可等着你给我讲外星人参观地球的故事哦！"

儿子点了点头，然后就埋头认真画了起来……

从一幅简单的画，引发儿子创造性的想象，不仅如此，这位妈妈最后还让儿子给她讲故事，这些都是对他创造性思维的培养。

我们也要向这位妈妈学习，创造性思维会让孩子的思维更加灵活，他的表达范围也会因此而扩大。

●用各种艺术形式来培养孩子的创造性思维

艺术最能激发一个人的创造性思维，比如，音乐会丰富人的精神世界，绘画则会激活人的思维，促进右脑发育。

所以，我们应该多鼓励孩子接触这些艺术形式，多为孩子放优美的音乐，帮他激活大脑；给他准备好画笔、画纸，允许他信手涂鸦。

不过，为孩子准备的音乐应该是节奏、旋律都恰当合适的，不要让孩子经常听那些另类的音乐，可以多听听莫扎特的音乐，或者中国古典乐曲，这些乐曲的音符、节奏都恰到好处，对陶冶孩子的性情很有帮助。

当孩子听音乐时，我们也可以和他聊聊天，让他说说自己在听到某一段曲子后脑子里浮现出怎样的画面，说说他的感受；而当孩子完成一幅画作之后，我们也可以请他给我们讲讲他这幅画的含义，这也是在促进他的思考。

●鼓励孩子多动手操作

培养创造性思维的一种比较直接的方式就是鼓励孩子动手操作，有的妈妈觉得孩子太调皮，于是就不愿意让他动，但这样的教育可能就会束缚孩子思维的发展。

此时，如果担心孩子弄乱了东西，我们倒不如“大方”地将孩子好奇的东西拿过来，和他一起观察，让他摸摸，能拆开的我们也可以拆开来给他看。当然，有些东西很贵重，我们也要提前跟孩子说好，让他小心一些。而对于孩子在动手探索期间提出来的问题，我们也要耐心地予以正面解释与回答。

除了已有的让孩子感到好奇的东西，我们还可以给他准备一个活动空间和他需要的工具材料，鼓励他自己动手搞一些发明小创造。我们的鼓励与夸奖，将能帮他更快发展创造性思维。

●引导孩子开发新游戏

对于孩子来说，游戏是最能吸引他的活动之一。但是有些游戏太简单也太老套，如果总是玩同样的游戏或者总是玩一些简单的游戏，孩子也会很快就觉得乏味。

所以，要开发孩子的创造性思维，我们也可以引导他从旧有游戏的基础上，创造出新的游戏。比如，最开始我们只是在玩普通的人偶玩具，随即引导孩子想象人偶会说什么话，再接着提议一起扮演角色，并设想更多的场景故事，这时我们还可以鼓励孩子自己制作游戏道具，自由发挥来拓展游戏形式。

此时我们不妨加入孩子的游戏之中，与他互动，在适当时候给予他提示，引导他进行更加丰富的思考，并鼓励他说出自己的想法。

46 教孩子掌握一些修辞手法

修辞的本义，就是对言论的修饰，即在使用语言的过程中，利用多种语言手段，以收到良好表达效果的一种语言活动。

修辞是一种神奇的语言，简单的一句话，如果干巴巴的只说主要的几个字，就显得很平淡，但只要加上比喻、拟人、对比、借代等各种修辞，简单的话仿佛立刻就有了画面感。

为了完成老师布置的“写一篇事物描写”的作文，妈妈带着女儿来到了公园看牡丹花展。牡丹花很漂亮，女儿当时玩得也很开心。可是回到家后，女儿对着作文本却写不出再多的字，因为她除了用“漂亮”来形容之外，就再也没有别的词了。

看着女儿一脸愁容，妈妈便让她先停下笔，拉着她一起坐到了沙发上。妈妈问女儿："昨天我们去看牡丹花，你觉得它们看上去像什么？"

"嗯……"女儿想了想说，"有的花仰着头看太阳，像骄傲的孩子；有的花就低着头，像是受到了老师训斥的孩子；还有的花一大团聚在一起，好像好多孩子聚在一起游戏；要说花朵嘛……好大，像小娃娃的脸，都笑容满面的……"

妈妈笑了："这不是有好多话可以说吗？写作文就可以把这些话写进去啊！表达啊，如果加上一些修辞，你说出来的句子就会显得非常生动，你好好整理一下，只要有了这些修辞，保准你写出来的文章能吸引人。"

听了妈妈的话，女儿忽然明白该怎么写了，她连忙跑回到书桌旁，快速地写了起来……

很多孩子的表达都非常简单，一说高兴，就是"很高兴"，一说花儿，就是"很漂亮"，太过简单的表达方式，既表达不出自己的情感，也让听话的人听着乏味。这就是孩子不会使用修辞的表现，所以，我们也要向事例中的妈妈学习，适当地提醒孩子将一些修辞加入到自己的表达之中，这将使他的表达变得更加富有感情。

不过，有的孩子对修辞的使用可能存在疑问，所以就需要我们认真耐心地教他正确的使用方法，让他也能用修辞为自己的表达添彩。

其实，修辞是孩子语文学习的一个重点，也就是说学校课程安排就有修辞学习。但是对于很多孩子来说，课堂上学的修辞就是考试要用的知识，他也许并不能熟练地将这些知识运用到生活之中。因此，我们就要教他在生活中使用修辞知识。

平时说话我们可以有意地加上一些修辞，比如，孩子喜欢唱歌，我们就可以偶尔夸他一句"好像小百灵一样"；天上乌云密布，我们也可以说"天上拉了一块大黑布"；等等。我们这样说的目的就是要引起孩子对修辞的兴趣，并给他示范某些修辞的使用方法。

我们也可以启发孩子，让他在开口之前，也想想能用个什么样的修辞，是比喻、拟人，还是对比、反复，或者是其他一些修辞。当孩子说出很精彩的修辞语句时，我们也要表现出赞赏以示对他的鼓励。

不过有时候，有的孩子会形成一种习惯，一旦开始使用了修辞，就会不断地用大量的修辞，不管说什么话都带上一两句修辞。但其实有些话直接说要更加精练，意思也更为明了，并不是所有的话都需要加上修辞。

所以，我们也要向孩子讲明白，修辞只有用得恰到好处才行，否则滥用修辞同样也是不会表达的表现。对于那些能直接表达清楚的话，就一定要直接说出来，不要拐弯抹角加入很多修辞，否则听的人也许会因为等待重点时间太长而丧失继续听下去的兴趣，或者因为修辞太多而抓不住重点。

第五章
教孩子克服表达的恐惧心理

在表达自我的时候，很多人都会有恐惧心理，对于表达能力较弱的孩子来说更是如此。一旦孩子对表达产生恐惧心理，就无法顺畅地说出自己的看法和观点，这不仅会阻碍表达能力的发展，还会影响他的人际交往。因此，我们务必要教孩子克服表达恐惧心理。

47 孩子也会患上表达恐惧症

说起表达恐惧症，我们很自然就会联想到自己在与陌生人或领导打交道的过程中所表现出来的不善言辞。

其实，孩子也会患上表达恐惧症。由于孩子缺乏社交经验，表达能力欠缺，当他走出熟悉的家庭环境，面对陌生的环境和人的时候，就会表现出不爱与人说话、一说话就紧张、语无伦次等特点。如果这种现象长时间、反复出现，孩子就很可能会患上表达恐惧症。

妮妮 8 岁了，是一个性格比较内向的女孩。她虽然有自己的想法，但是却不敢在众人面前说出来。每当老师提问问题的时候，她尽管已经想到了答案，但是却不敢举手回答，如果突然被老师叫起来回答问题，她的脸就会憋得通红，回答问题的声音很小，还吞吞吐吐的。

有一次，妈妈让妮妮去隔壁王奶奶家借把钳子。过了好大一会儿，她空着手回来，怯怯地说："王奶奶家没有。"

"不可能啊，我前一段时间还去借过呢！你是不是说错了啊？"

经妈妈这样一问，妮妮低着头，什么话也没说。

于是，妈妈来到王奶奶家，一问才知道，妮妮虽然来过了，但是根本没说清楚来干什么，就红着脸回家了。

无论是在学校，还是在家里，妮妮都不善言辞，甚至对说话有一种恐惧感，这就是表达恐惧症的表现。

事实上，表达恐惧症是一种心理障碍。一旦孩子患上了表达恐惧症，不仅会影响表达力的发展，还会影响他的人际交往。所以，我们一定要了解孩子患上表达恐惧症的原因，然后再针对具体情况帮助他克服表达的恐惧心理。

一般来说，引起孩子表达恐惧症的原因主要有以下几种：

第一，家庭关系紧张，不和谐。

如果孩子从小就生活在家庭关系紧张的环境中，如夫妻经常吵架、婆媳不和等，如果孩子经常遭受不良的精神刺激，如斥责、打骂等，都会使他逐渐形成敏感、退缩、自闭等不良性格。久而久之，孩子就会把自己封闭起来而不愿意和周围的人来往，更别提交流了。

对此，我们一定要为孩子营造和谐、温馨的家庭环境，要培养他乐观、开朗的性格。另外，面对犯错误的孩子，我们不要采用斥责、打骂的教育方式，而要心平气和地给予他引导。

第二，教养方式不合理、不科学。

面对独生子女，很多妈妈出于各种原因，如怕孩子出门惹是生非、怕孩子被人欺负等，就会把他长期禁锢在家庭这一狭小的生活空间中，却很少带他接触他人。久而久之，孩子与他人交往的欲望和能力就会逐渐减弱。

另外，很多妈妈只关心孩子的学习，只要求孩子把时间都用在学习上，却很少关心他的业余生活，也不会主动与他唠唠家常。当孩子想要和我们倾诉时，我们又会以学习为由打断他。如此一来，我们就压制了孩子表达的欲望。

对于这种情况，我们要鼓励孩子勇敢地走出去，鼓励他多交朋友、多参加集体活动，并适时地给予他表扬和奖励。与此同时，我们要多创造与孩子交流的机会，多与他聊一些学习以外的话题。这样，不仅有利于激发他与人交往的兴趣，还可以帮助他克服表达的恐惧心理。

第三，孩子曾因表达不好受到心理创伤。

对于年龄小的孩子，由于他缺乏社交经验和表达技巧，所以他常常说错话、表达不清楚。这时候，如果孩子遭受到我们或他人的指责、嘲笑，就会给他的心理造成创伤。那么，孩子就会因害怕被指责或嘲笑而不敢表达自我。

对此，我们首先要避免指责、嘲笑表达力欠缺的孩子，而是要给予鼓励、宽容。其次，我们要抚平孩子受伤的心，告诉他，每个人都不是天生就能说会道的，而是要经历一个从不会说到会说的过程。

当然，孩子患有表达恐惧症，原因不只以上这几种。在平日里，我们要多观察孩子的表现，找出他不敢表达自我的具体原因，然后再对症下药，消除他表达的恐惧心理，从而让他成为一个善于言辞的人。

48 帮孩子摆脱羞怯的心理

很多妈妈反映，孩子和家人或熟悉的人在一起的时候，表现得非常活跃，但是只要置身于陌生的环境中，见到陌生的人，就会害羞、胆怯，从而无法自如地表达、自如地行动。其实，这就是孩子羞怯心理的具体表现。

从心理学角度来说，羞怯是一种情绪，也是很正常的一种表现。只不过，每个人羞怯的程度和时间的长短有所不同而已。如果我们没有把孩子的羞怯心理当回事，那么羞怯这一情绪有可能会伴随孩子的一生。

孩子一旦产生了羞怯心理，就无法客观地认识自我，容易变得内向、被动、消极，无法充分地表达自己的思想和感情，进而阻碍人际交往的发展。因此，我们一定要想办法帮助孩子摆脱羞怯的心理。

晓雯是一个非常害羞的女孩子。在家里，她还可以很好地表达一下自己的想法，但是在陌生场合或人多的场合，她常常会沉默寡言。

于是，妈妈就把生活中的各种场景安排成一个个“情景剧”，比如，向客人打招呼，去商店买东西，去快餐店点餐，与陌生人说话，等等。在不同的情景剧中，妈妈和晓雯分别扮演不同的角色。

比如，晓雯看到客人害羞，不敢向客人打招呼，妈妈就会先扮演主人，由她扮演客人，从而让她知道自己是如何接待客人的。然后，她们就会互换角色，由晓雯扮演的主人来接待妈妈扮演的客人。

经过一段时间的演练，晓雯逐渐熟悉了那些常见的生活情景。当她真的面对那些情景时，她也就能自然应对了，再也不像以前那样害羞、胆怯了。

如果我们也在为孩子的羞怯而发愁的话，不妨借鉴这位妈妈的方法，先总结出几种常常令孩子产生羞怯心理的情况，然后再设置相应的“情景剧”，与孩子一起演练，从而使他在面对真实情景时有一个心理准备，知道如何去应对。

我们要帮助孩子摆脱羞怯的心理，绝不是一蹴而就的事情，需要我们有爱心、耐心、信心和恒心。如此一来，孩子才会慢慢从内心的阴暗中走出来，才会享受到与人交流的快乐。

●不要给孩子贴上“羞怯”的负标签

无论孩子表现得多么羞怯，我们都不要说一些诸如“这孩子一说话就脸红”、“他在家不这样，一遇到生人就害羞”之类的话。否则，这就犹如给孩子贴上了“羞怯”的负标签。而孩子一旦认为自己“爱脸红”、“太害羞”，他就会越来越爱脸红，越来越爱害羞。

●告诉孩子，羞怯是正常的心理表现

日本著名演说天才德川梦声说过这样一段话：“上台发表演说之前，无论是谁，都会感到紧张，都无法使自己镇静下来。也许你会问：‘像你这样身经百战，见过各种场面的职业演说家，也会紧张吗？’像这样的问题，我都不知道被问了多少次了，但是，我可以告诉你们，无论是怎样熟练的老手，也无法完全不紧张，因为，不管演说还是座谈，总是得开口，这就必须认真地去做才行。”

可见，羞怯是一种非常正常且普遍的心理表现，而绝非是个别人在语言方面的缺陷。因为，紧张是羞怯的一种表现。如果孩子因说话羞怯而感到烦恼时，我们就可以明确告诉他，说话羞怯的现象是很正常的，没必要大惊小怪，而是要振作精神，努力降低羞怯心理对表达产生的消极影响。

●不要对羞怯的孩子采用强制性的教育手段

对于羞怯的孩子，我们一定不要采用强制性的教育手段。比如，当孩子不愿意与陌生小朋友相处时，我们不要强逼他一定要和陌生小朋友一块玩。否则的话，原本就羞怯的孩子就变得更加害羞、胆怯。

所以，对于暂时无法改变的现状，我们一定不要操之过急，而是要抱着理解、宽容的态度，采取鼓励的方式，增加他的勇气和自信，从而慢慢帮助他克服羞怯的心理。当孩子在我们的鼓励下，慢慢迈出突破自己的第一步时，我们一定要及时给予他肯定和赞许。

49 培养孩子表达的自信心

每位妈妈都希望自己的孩子善于言辞，能说会道。然而，孩子的诸多表现却往往让我们失望，他们不是不敢表达，就是不会表达。之所以会这样，肯定存在多方面的原因，而很重要的一个原因就是自信心不足。

当孩子自信心不足的时候，他就会担心自己的表达得不到他人的认同，甚至害怕他人会嘲笑自己的表达。如此一来，孩子的心理就会产生障碍，思维也无法正常运转，反映在说话上，就是说话结巴、表达不流畅，甚至大脑一片空白，一句话也说不出来。我们要想让孩子敢于开口说话，就必须培养他的自信心。

一位老师讲到了自己的一段经历：

每当我提问的时候，萧彤总会低下头，然后拿着笔装作写东西，我知道，她是害怕回答问题。

有一次，我单独叫萧彤谈心，在这个过程中，我问她："老师发现，你回答问题不积极，能和老师说说原因吗？"

萧彤低声说："我对自己没信心，总害怕自己回答错了，更害怕同学嘲笑。"

"谁也不能保证回答的问题就是百分之百正确的，如果有同学回答错了，老师不会批评他，其他同学也不会嘲笑他。"

"但是，我一想到我回答错后的场景，就没有信心举起手了。"

"这样吧，如果你确定答案是正确的话，你就及时举起手，然后给我使个眼色。"

萧彤爽快地答应了。

后来，只要我看到萧彤给我使眼色，就会叫她来回答，如果她回答对了，我就会给予积极的评价，如果她回答错了，我也会肯定她的勇气，鼓励她继续努力。有了几次成功的体验之后，她变得自信了，也能大胆、积极地回答问题了。

这位老师真是用心良苦！面对不敢回答问题的萧彤，老师并没有批评、指责她，而是采用巧妙的方式，给她创造体验成功的机会，从而培养了她表达的自信心。

孩子一旦拥有了自信心，自信心就像催化剂一样，能够激发出孩子身上的一切潜能，进而促使他敢于表达自我。所以，我们一定要想办法在孩子的心中埋下自信的种子，让他成为一个敢说、会说、乐说的人。

●给孩子积极的心理暗示

面对不善言辞的孩子，很多妈妈总会埋怨他，甚至否定、打击他。有时候，我们还会当着孩子的面对其他人说："这孩子就是这样，从小就不爱说话，我也拿他没办法。"那么，孩子就会产生这样的想法："既然从小就不爱说话，那就这样吧！"如此一来，孩子会越来越自卑，越来越不爱说话。

这肯定不是我们所希望看到的结果，那么，我们就要及时给予孩子积极的心理暗示。比如，孩子不敢向长辈问好，那我们就可以对他说："你是一个有礼貌的孩子，见到老师都会主动打招呼，那么见到长辈，自然也会主动问好了，是吧！"这容易激发孩子的自信心，从而使他大胆地说话。

●用鼓励来激发孩子说话的自信心

我们都知道，孩子从怕说到敢说再到会说、爱说，需要一个很长的过程。所以，我们要时刻看到孩子在每个阶段的闪光点和进步，然后通过鼓励和肯定去强化他的种种表现。

不过，鼓励孩子也是要讲究技巧的。我们最好把对孩子的鼓励转变为孩子的一种自我鼓励，如我们可以把"我为你的表现感到高兴"换成"你一定为你自己的表现感到高兴吧"，这会让孩子产生持久的动力和积极性。随着孩子表达能力的增强，我们也要不断提高鼓励的标准，从而使他朝着更高的水平努力。

如果孩子在语言表达方面做得不够好，我们不是责备他，而是客观地评价他："说得不错，如果语速再慢点，就更好了。"那么，孩子的自信心就会得到保护，他也会朝着更高的目标前进。

50 放手让孩子与陌生人说话

很多妈妈出于对孩子安全的考虑，总是再三叮嘱孩子"不要和陌生人说话，小心被骗了"、"一定不可以吃陌生人的东西，小心里面有毒"、"遇到人多的地方，一定要躲远点，小心这是坏人设的骗局"……这是很多妈妈给孩子灌输的一种谨慎的处世原则，结果又如何呢？

妈妈经常提醒女儿不要和陌生人说话，还说很多陌生人都是坏人。每当妈妈带着她去小区广场上玩的时候，她只和比较熟悉的几个小伙伴玩。有时候，她看到很多陌生小伙伴在一起玩得很开心，也很想凑过去，但是一想到妈妈的提醒，她就会因害怕他们其中有坏孩子而不敢接近他们。所以，她的朋友很少。

有一次，妈妈带着女儿去超市买东西，由于人多，母女俩走散了。后来，妈妈向超市的广播人员求助，在工作人员的帮助下，妈妈终于找到了女儿。

见到女儿后，妈妈问道：“你怎么不知道找超市的工作人员帮忙呢？”

“妈妈不是经常提醒我，不要和陌生人说话吗？我害怕他们是坏人，所以不敢找他们帮忙。”

这时，妈妈才意识到，自己只知道叮嘱女儿不要和陌生人说话，却忘了锻炼她在安全的情况下和陌生人说话的能力。

试想，如果这位妈妈懂得放手让女儿与陌生人说话，并告诉她如何在安全的情况下与陌生人说话，那么她就会拥有更多的朋友，也会在与妈妈走散的情况下，大胆地向超市的工作人员求助。

我们虽然经常在媒体上看到孩子被拐、被骗等负面新闻，但是我们不能因为几棵树上长了虫子，而毁掉整片森林。而且，孩子将来要进入社会环境，面对的几乎全是陌生的环境和陌生的人，如果他缺乏与陌生人说话的经验和能力，势必会影响人际交往，进而影响事业的发展。

所以，我们要大胆放手，让孩子在安全的前提下勇敢地与陌生人说话，并训练他与陌生人说话的技巧。

●不要把陌生人形容为“大灰狼”

儿子小的时候，只要有陌生人说带他去玩，他就会欢天喜地地跟着人家走。无论妈妈怎样叮嘱他不要随便和陌生人走，也不见效果。

于是，妈妈就告诉他“陌生人都是‘大灰狼’”，并装成陌生人吓唬他。就这样，他再也不跟陌生人走了。

后来，他变得很胆小，不敢与陌生人接触。妈妈意识到这样的做法不对，便向他解释，但是却无法消除他在小时候所留下的心理阴影。

这个男孩之所以不敢与陌生人接触，源于妈妈用“大灰狼”这种不恰当的比喻来形容陌生人，给他造成了心理阴影。虽然这种教育方式，能够在一定程度上保护孩子，但是却容易使他对陌生人产生恐惧感，不利于他的人际交往。另外，人与人之间长期缺乏信任感，势必会引发社会信任危机。

因此，为了孩子的长远发展，我们千万不要给孩子传递“陌生人是‘大灰狼’”这样的说法，也不要让孩子把陌生人看成是“危险”的代名词。

●给孩子创造与陌生人说话的机会

一个口才好的人，一定拥有与陌生人打交道的能力，不仅能轻松地表达自己的见解，还能表现得很有涵养。所以，我们要主动给孩子创造与陌生人说话的机会，从而锻炼他的口才。

一开始，我们可以先让孩子从较为熟悉的环境中的陌生人开始，比如，让孩子和邻居打招呼；鼓励孩子与小区的同龄孩子交往；亲朋好友聚会的时候，带上孩子，引导他与陌生的长辈或同龄人说话；等等。

慢慢地，我们就可以大胆放手，让孩子在陌生环境下与陌生人说话。比如，带孩子到商店买东西，鼓励他去询问商品的详细情况；到餐厅吃饭，让他去点餐；外出乘车，引导他去购买车票；等等。

如果孩子一时不敢与陌生人说话，我们就可以先在家中预演。练习得多了，孩子自然就知道如何与陌生人说话了。

●教给孩子安全接触陌生人的方法

我们在鼓励孩子与陌生人说话的同时，还要教给他安全接触陌生人的方法，从而让他学会保护自己。

比如，我们可以引导孩子思考一些诸如“如果陌生人问你家里的地址、电话，你怎么办”、“如果陌生人让你给他带路，你会怎么做”、“如果陌生人来接你放学，并说是爸爸妈妈交代的，你会怎么做”之类的问题，然后再告诉孩子正确处理类似问题的方法，从而提高他的警惕性。

另外，我们还要告诉孩子，如果感觉陌生人心怀不轨，就要赶紧找借口离开，或者引他到人多的地方，或者向警察、保安、周围的人求助。这样一来，孩子就能在最大限度上保护自己。

51 避免孩子因紧张而说话结巴

当孩子情绪紧张的时候，就会引起目光斜视、面红耳赤、手脚哆嗦、拽衣角等现象，说话的时候往往会结巴。面对这种情况，很多妈妈都会非常紧张，担心这是口吃的一种表现。其实，这只是孩子因为紧张而导致的说话不连贯而已。

美国语言矫治专家威廉姆斯·柏金斯做完有关研究后得出结论：当孩子说话出现单音重复时，则可能是言语障碍；当孩子出现词组重复、拖音时，则是正常现象。也就是说，孩子想说"我的作业还没写完"，结果说成"我的……我的作业还没……还没写完"，这时候，我们不能轻易地断定孩子口吃，很可能是他因紧张而出现的言语不流畅。

虽然孩子因紧张而说话结巴，是一种比较正常的现象，可能会随着年龄的增长而消失，或随着紧张情绪的缓解而有所改善，但是如果这种现象一直持续下去，势必会影响他的语言发展。所以，我们一定要避免孩子因紧张而出现结巴的情形。

●给孩子营造轻松的谈话气氛

在轻松的谈话气氛下，孩子自然会畅所欲言，说话也会比较流畅一些。相反，在一个压抑、紧张的谈话气氛下，孩子很可能无法自如地表达自我，说话的时候也会出现不流畅的情况。所以，我们要给孩子营造轻松的谈话气氛。

平日里，我们要多给孩子说话的机会，引导他大胆地表达自我。如果孩子说话太缓慢，我们要有足够的耐心，多给他一点时间，让他把想说的话说完，而不要急于打断他。如果孩子说话太快，我们要心平气和地提醒他“不要着急，把想说的话一句一句地表达清楚”。

同时，我们在与孩子说话的时候，也要为他树立良好的言语模仿榜样。比如，我们发音要准确，吐字要清晰，语速要放慢，声调要温和、亲切等。

●想办法缓解孩子说话紧张的情绪

当孩子在众人面前说话的时候，难免会紧张，这是一种正常的现象，但是如果这种紧张情绪没有得到缓解，恐怕说话时也会结巴。因此，我们首先要分析孩子说话紧张的原因，然后再有针对性地缓解他的紧张情绪。

有一次，男孩参加班干部竞选，当他走上讲台发表演讲的时候，非常紧张，结果脑子一片空白，原本背得滚瓜烂熟的稿子全忘了，他只好拿出稿子读。

放学回到家，男孩把这件事告诉了妈妈，妈妈安慰道：“妈妈理解你的心情，你不愿意辜负老师和同学对你的信任，所以就非常在意这次竞选的结果，也正是因为你太在意了，所以就会很紧张。”

“妈妈，您分析得对。但是，我要怎样缓解这种紧张的情绪呢？”

“你太在意结果，反而令自己发挥不好，那何不什么都不想，只把眼前的事情做好，没准还能超常发挥呢！”

“妈妈说得对，那我以后要时刻提醒自己，别在意自己表现得如何，而是尽力做好自己该做的事情。”

“妈妈相信你一定会做到的。”

这位妈妈的方法很有效，她先是帮助儿子分析了说话紧张的原因，然后又对症下药，告诉他根治这种原因的方法。

另外，我们还可以告诉孩子几种缓解紧张情绪的方法，比如，在说话之前，进行几次深呼吸；将自己希望达到的效果在想象中预演，从而留下一种积极的记忆印痕，使自己保持心情愉快；多进行几次自我暗示，反复告诉自己“我一定行”、“我相信自己的能力”。

●千万不要因孩子说话结巴而纠正、批评他

女儿一紧张说话就有点结巴，妈妈很着急，便严厉地提醒她：“慢慢说，别结巴，要像妈妈这样说。”结果，女儿说话结巴的现象越发厉害了。

为什么会这样呢？事实上，我们越是急于纠正孩子说话结巴的现象，越会加重他的紧张情绪和心理负担，从而导致他的语言中枢正常功能的失调，进而使结巴现象越来越严重。

所以，当孩子出现说话结巴的现象时，我们千万不要随意打断或纠正他，不要催促他快点说，更不要批评、责备他，而是要装作没那回事，耐心地听他说完，并按照以往的方式和态度与他对话。如果孩子实在说不出来，我们只要不动声色地帮他补充完就可以了。

52 多给孩子当众表达自己的机会

在生活中，我们经常看到这样的现象：孩子在家人面前显得很大方，还喜欢滔滔不绝地说个不停，但是一到大众场合，他就会变得忸怩，羞于表达，甚至不敢表达。

之所以会这样，是因为对于孩子来说，家人是最熟悉的人，在家人面前说话，他已经习惯了，自然不会感到紧张、羞怯，但是在众人面前说话，特别是在陌生的众人面前，他会觉得不自在，会害怕自己说错话。也正因如此，我们

更应该多给孩子当众表达自己的机会，锻炼他当众说话的能力。

女儿放学回到家，看到家里来了几个客人，都是不认识的阿姨，便礼貌性地问了声好。随后，她来到厨房，高兴地对妈妈说起在学校发生的有趣的事。

这时，妈妈打断女儿："等吃完饭后，你在我们大伙面前讲讲，也好让我们都分享一下你的快乐。"

吃完饭之后，妈妈高兴地对大伙说："我女儿想给大家分享一下在学校发生的有趣的事情，大家想不想听啊？"

其中一个阿姨说："当然想了，我最喜欢分享孩子的快乐。"

起初，女儿有些不好意思，不停地用手拽衣服，妈妈知道她是紧张的，便告诉她，这几个阿姨都是妈妈的同事，我经常和她们说起你的事情呢。在妈妈的鼓励下，女儿开始分享起来："在英语课上，班上的一位同学……"

女儿讲完之后，那几个阿姨都感到很高兴，纷纷表示以后还愿意分享她的快乐。

很多孩子都喜欢把自己遇到的事情向我们诉说，这时候，我们就可以借鉴这位妈妈的做法，鼓励他在亲朋好友、邻居面前诉说。这就是在给孩子创造当众表达的机会，也是提高孩子口才的重要途径之一。

总之，我们要主动为孩子创造交流的条件和环境，给孩子当众表达的机会。经过一段时间的锻炼，孩子就会成为一个敢于当众发言、善于当众发言的人。

●鼓励孩子积极参加各种活动

很多孩子是因为缺乏与除了爸爸妈妈以外的人接触的机会和经验，所以才不敢在众人面前说话。对此，我们就要多费些心思为孩子创造参加集体活动的机会，从而使他有机会锻炼当众表达的能力。

比如，我们可以鼓励孩子参加学校组织的集体活动，如班干部竞选、讲故事比赛、演讲比赛、辩论赛等。不过，我们不要把竞选、比赛的结果看得太重，而是要着重关注孩子在语言表达方面的表现，并及时给予他肯定和鼓励。

再比如，我们也可以定期邀请亲朋好友的孩子或孩子的同学、朋友来家里玩，组织规划一场小型讲故事比赛、朗诵比赛、才艺展示等，让孩子们轮流担当主持人。如此一来，孩子既提升了当众表达的胆量，锻炼了口才，又培养了组织策划的能力。

●循序渐进地锻炼孩子当众表达的能力

一开始的时候，我们要重在激励孩子敢于当众表达。比如，我们可以先让孩子翻开书朗读某篇文章、讲某个故事，这样可以锻炼孩子当众说话的胆量，从而帮助他克服当众说话的心理障碍。

逐渐地，我们再一步步提高标准，可以先让孩子当众朗读自己的作品，或者是一边展示自己的画作一边讲述画作的内容和画这幅画的灵感，或者是分享自己的生活经历，然后再慢慢过渡到当众表达自己的看法、观点等。

当孩子当众表达完毕之后，我们先不要提出太多表达上的问题，而是着重培植他的自信心，让他感觉到在众人面前表达是很容易的事情。随着孩子锻炼的次数增多，他拥有了当众说话的自信和勇气，我们就可以根据实际情况指出他在说话方面存在的问题，指明他应该努力的方向，从而提高他的口才。

53 允许孩子参与家庭讨论

作为家庭的成员之一，每个人都应该有参与家庭讨论的权利，然而这种权利并非所有人都能获得，尤其是涉世未深的孩子们。很多时候，我们总觉得孩子什么都不懂，便会剥夺他参与家庭讨论的权利。

晚饭后，妈妈和爸爸在讨论买液晶电视的事情，妈妈看中了一款37英寸的电视，觉得客厅比较小，这个尺寸的电视正好。但是，爸爸却不赞同，他认为每天都要在客厅看电视，所以要买个大一点的，而且摆在客厅显得有档次。

正在两个人争执不下的时候，儿子说道："我觉得爸爸说得有道理，大电视看着多么爽啊！而且……"

还没等儿子说完，妈妈就打断道："大人说话的时候，你少插嘴。"

"买家电是家里的事情，我为什么不能参与呢？"

"你这么个小屁孩懂什么啊！一边玩去！"

儿子不高兴地走开了，嘴巴里还小声嘀咕着："什么都不准说，哼！"

购买家电属于家庭的决策，作为家庭成员的孩子有权参与其中，然而，这位妈妈却不允许孩子发表自己的意见。试想，当孩子认为自己的意见是合理的，并为自己的表达而高兴时，却遭到了我们的无端制止，他是多么伤心、难过啊！

虽然孩子生活经验不丰富，发表的想法和观点可能没有太大的价值，但是这并不代表他没有参与家庭讨论的权利。如果孩子生活在压抑的家庭环境中，没有发表意见的权利，他就不会获得快乐，而且也不能发展表达力，很可能会成为一个屈服于权势、唯唯诺诺的人。

所以，我们要允许孩子参与家庭讨论，并鼓励他勇敢地发表自己的看法和观点。如此一来，孩子会觉得自己长大了，会有一种主人翁的感觉，也会感受到自己肩上所承担的家庭责任。另外，这也给了孩子锻炼表达能力的机会，也会提高他的判断能力、思考能力、解决问题能力。

那么，我们应该如何去做呢？

●尽量定期召开家庭会议

对于一些家庭问题，我们应该酌情让孩子了解，并适时地征求他的想法和意见。对此，我们尽量定期召开家庭会议，如一星期、一个月，然后邀请包括孩子在内的所有家庭成员一起参加。

家庭会议的内容可以是多种多样的，比如，讨论家庭活动的安排；合理分配家务活；针对家庭中发生的某件事情进行讨论；为某个家庭成员遇到的困难出谋划策；一起讨论家庭决策，如买家具、买车、买房等。总之，我们要根据自家的具体情况，选择与孩子一起讨论的内容。

●引导孩子多发表自己的想法

既然是家庭讨论，我们就应该摆正自己的姿态，不要以居高临下的姿态与孩子交流，不要认为只有自己的想法才是最合理的，而是应该营造轻松的气氛，保持开放的态度，坦然面对孩子的不同想法和见解。唯有这样，孩子才会畅所欲言，他的语言表达能力才会得到更好的锻炼和提高。

不过，我们也要注意不要让孩子说太多没有意义的空话、大话。对此，我们可以提醒孩子，虽然可以畅所欲言，但是也要经过自己的一番思索之后，完整、简练地表述自己的想法。这样一来，才能真正提高孩子的表达能力。

另外，我们还要认真听取孩子的想法，并尽量采纳他提出的合理想法。对于孩子提出的一些幼稚或不合理的想法，我们不要嘲笑他，而是鼓励他勇于表达自我的行为，坦诚地指出不合理的地方，进而引导他如何改进。

●尽量达成意见统一

一家人参与家庭讨论的时候，总要得出最终的结论。如果每个人的意见不一，通过沟通和说服也未达成统一的意见，那我们就可以采取两种方法来解决。

其一，我们可以斟酌各个不同意见，提出一个暂时的解决方案，并征得与会者的同意，然后在运用这一方案的过程中，及时进行评估、讨论、调整，从而使之更具实用性；其二，我们可以采取“投票表决”的方法，让每个家庭成员都获得一票表决权，当遇到一些家庭决策的时候，就可以用“投票表决”的方法来达成意见统一。

54 孩子表达能力差，父母要鼓励

当孩子还在咿呀学语的时候，我们总会表现得格外耐心，总会这样鼓励他：“宝贝说话真流利！”“宝贝都能说这么长的句子了，真了不起！”即使孩子表达不清晰，逻辑有些混乱，我们也会如此鼓励他：“再告诉妈妈一遍，你想说什么。”“宝贝，妈妈听你说，你别着急，慢慢说。”

然而，随着孩子年龄增长，我们似乎不再那么耐心了。当孩子表达能力欠缺的时候，我们总会不耐烦地说：“这嘴巴怎么就这么笨呢？不就是想……你倒是好好表达呀！”这种恨铁不成钢的心情是可以理解的，但是却很容易伤害到孩子。

妈妈每天都会给6岁的女儿讲故事，女儿最喜欢的故事是《逃家小兔》，虽然已经听了好多遍，但还是听得津津有味。

有一次，妈妈听到邻居家的美美讲故事讲得很好，便对女儿说：“妈妈好想听你讲故事啊！要不，你今天也给妈妈讲讲那个《逃家小兔》的故事吧！”

在妈妈的鼓励下，女儿开始讲故事。她虽然清楚地知道故事的情节，但是却无法清晰地讲出来。妈妈实在是听不下去了，生气地责备道：“我都给你讲了多少遍了，你怎么还是讲不下来呢？你看人家美美，比你还小半年，讲故事讲得多好啊！”

女儿一听这话，气呼呼地说：“那你就让美美给你讲故事吧！”说完，她就哭着跑回了自己的房间。

孩子在最初练习讲故事的时候，难免会讲得不好，这是情理之中的事情。

但是，这位妈妈非但没有鼓励女儿，反而责备了她，还拿她与其他孩子进行比较。这样很容易挫伤孩子的自尊心和自信心，使他不愿意再开口表达。可以说，这是孩子锻炼口才的大忌。

看看另一位妈妈是如何做的吧！

有一个男孩已经5岁了，但是他说话口齿还是不清晰，表达能力也比不上同龄的孩子。妈妈并没有因此而责备他，更没有拿他和其他孩子比较，而是用各种方式传递给孩子这样的信息：“在爸爸妈妈心目中，你是最棒的！”

妈妈经常给男孩讲故事，有时还会鼓励他把故事复述一遍。每当他用不太流利的语言复述故事的时候，妈妈都会很认真地听他讲。等他讲完故事之后，妈妈都会鼓励他：“小家伙讲得真不错，比上一次有进步，还知道加上一些动作，真是越来越丰富了。”

就这样，在妈妈的鼓励下，男孩越来越爱讲故事了。一段时间之后，他的语言表达能力有了显著提升。

可见，鼓励的效果远远胜于责备。正是在妈妈的耐心陪伴和鼓励下，这个男孩的语言表达能力得到了很大的提高。

事实上，每个孩子语言表达能力的发展都要经历一个过程，而这个过程有长有短。即使孩子目前的状况不理想，即使孩子的语言表达能力比同龄孩子差很多，我们也不要急躁，更不要因此而责备他，而是要留给他成长的时间和空间。

另外，每个孩子人性中最本质的需求是渴望被肯定、被鼓励，而这种需求就体现在我们对他的评价之中。所以，我们要多给表达力差的孩子一些鼓励，多给他一些自信和勇气。那么，孩子就会多一分想要表达的愿望，就会在不经意间给我们一份惊喜。

当孩子在表达自我的时候，无论他说得好不好，我们都要享受其中，要认真地听，并用点头、微笑给予他回应，从而使他保持表达的积极性。如果孩子讲得不好，我们不要打断或催促他，更不要嘲笑他，而是首先要肯定他表达自我的勇气，然后再鼓励他继续努力，这对孩子的口才培养是大有益处的。

不过，鼓励表达力差的孩子，并不一定非要用语言，还可以利用非语言方式鼓励。比如，当孩子表达了自己的想法或感受之后，我们就可以拍拍他的肩膀，可以投给他一个充满鼓励的眼神，也可以向他竖起大拇指，等等。这会给孩子带来无穷的动力，孩子也会为了让我们高兴而继续努力。

总之，对于表达力不好的孩子，我们不要责备他，而要真诚地鼓励他。那么，孩子会在我们的鼓励中一步步向更高的水平攀登，从而成为一个能说会道的人。

55 孩子表达不好要多宽容他

法国作家拉·封丹写过这样一则寓言故事：

北风和南风进行了一次比赛，看谁能把路上行人身上的外衣脱掉。北风首先发威，它鼓足了劲，拼命地刮风，试图吹掉行人的外衣。结果，天气变得寒冷刺骨，行人为了抵御北风的侵袭，把外衣裹得严严实实的。

该南风上场了，它吹着徐徐的暖风，天气一下子变得风和日丽了。行人感到身上暖意融融，纷纷主动解开衣扣，脱掉了外衣。最终，南风取得了比赛的胜利。

北风和南风的目标都是让行人脱掉外衣，但是它们所采用的方法不同，结果也不尽相同。

北风之所以会输，是因为它为了达到自己的目的而无视行人的感受，用强制性的手段强迫行人脱掉外衣；南风之所以会赢，是因为它顺应了行人内在的需要，使行人自觉地脱掉了外衣。心理学家将这种现象称为“南风效应”。

其实，在教育孩子的问题上，我们也可以采用“南风效应”。

当孩子表达不好的时候，如果我们对他太过苛刻，甚至试图通过强制性的手段纠正他，就好比这猛烈的“北风”，只会激起他的对立情绪和逆反心理，结果往往事与愿违。相反，如果我们用宽容的态度对待表达不好的孩子，就好比这徐徐的“南风”，不仅能温暖孩子的心，还能达到我们预期的教育效果。

有的妈妈可能会问：“孩子表达不好，我们就应该向他提出要求，如果就这样宽容了他，他岂不是得寸进尺，更不知道努力了吗？”其实不然。一般来说，当孩子表达不好时，他往往会产生自责的心理，如果我们能够宽容他，那么一股暖流就会涌入他的内心，从而使他产生表达的信心和动力。

一天，妈妈带着8岁的女儿参加朋友聚会。吃完饭后，有人提议让孩子们表演节目。这时，妈妈就问女儿：“你打算表演什么啊？”

“能不表演吗？我怕我一紧张就发挥失常了。”

“没关系。你前几天不是给我讲了一个故事吗？挺有意思的，就给大家讲那个故事吧！”

女儿点头答应了。

轮到女儿表演了，她开始讲故事。也许是因为太紧张了，结果讲到了一半，她就忘了下面的故事情节了，愣在那里不知所措。

这时，妈妈用温暖的语气对女儿说：“没关系，看看还能想起来吗？”

女儿把头低了下来。于是，妈妈走到她身边，说：“好了，等下次准备好了，再给大家讲吧！”说完，就拉着女儿走到了座位旁，然后对大伙说：“我女儿前几天还给我讲这个故事了呢，讲得还挺好，今天太紧张，就给忘了，等到她准备充分了之后，再讲给大家听。”

原本，女儿很害怕妈妈会因没面子而批评自己，没想到却得到了妈妈的谅解，所以很感动，并暗下决心，以后一定要多加锻炼，要经常上台讲故事，提升语言表达能力。

如果我们遇到了类似的事情，又会怎么做呢？也许，很多妈妈都会觉得没面子，然后大声呵斥孩子：“连个故事都讲不明白，你还会干什么呢！”但是，这位妈妈并没有这样做，而是宽容了女儿的表现，并替她解了围。正因如此，女儿才下决心提高自己的表达能力。

孩子在语言学习的过程中，难免会出现哑口无言、结结巴巴、语无伦次的现象。这时候，我们不要不顾一切地指正孩子的错误，而是要多一些宽容，让他从中感受到我们对他的爱和理解，让他获得无限的力量与勇气。

56 用孩子感兴趣的话题打开他的“话匣子”

英国著名教育家赫伯特·斯宾塞曾经说：“孩子在想什么？面临怎样的问题？孩子的内心世界就像一个藏满秘密的盒子。在这个盒子里，有动物，有人物，有梦境，有情绪，杂乱无章地塞在里面。有一天当你不经意地打开时，也许会从里面跑出来一只老鼠，吓你一大跳。”对此，可能很多妈妈都会深有体会。那么，我们怎样才能走进孩子的内心世界，打开那个“藏满秘密的盒子”呢？这就需要我们与孩子进行良好的沟通。

有的妈妈可能会说：“我也经常和孩子沟通，但是他根本就不愿意打开他的心扉。”为什么会这样呢？很可能是因为我们没有找到孩子感兴趣的话题。如果我们经常和孩子谈论他感兴趣的话题，就很容易引起他的共鸣，进而打开他的“话匣子”。而且，在无形之中，孩子的语言表达能力也会得到提高。

每当妈妈想要和10岁的儿子聊天的时候，他总是被动地听着，很少畅所欲言。由于儿子什么事都不说，所以妈妈不知道孩子心里究竟在想些什么。

有一次，妈妈从儿子的书桌上看到了一本有关电脑方面的书，猜想他可能对电脑感兴趣。于是，妈妈开始从他的兴趣点入手，总是有意地向他请教一些有关电脑方面的问题，这令他感到很意外，也很高兴。

渐渐地，儿子不仅热心地给妈妈解答电脑方面的问题，还会说起自己对某个问题的想法，说一些发生在他与同学、朋友身上的事情。就这样，儿子和妈妈无话不谈，关系也变得非常密切了。而且，儿子的口才也在不知不觉中得到了锻炼。

每个孩子都有自己的兴趣爱好，都有自己最愿意讨论的话题。如果我们想要打开孩子的“话匣子”，想要让孩子在交谈中锻炼口才，就应该像这位妈妈那样，先找到孩子的兴趣点，然后围绕这个兴趣点进行亲子交流。

当我们愿意与孩子交流他感兴趣的话题时，孩子会因此而感到喜悦，也会感受到我们对他的重视和尊重，自然就会积极地与我们交流，当然，他的语言表达能力也会得到提高。

● 了解孩子对什么感兴趣

我们要想用孩子感兴趣的话题打开他的“话匣子”，首先就要了解孩子对什么感兴趣，喜欢谈论什么话题。

其实，孩子从小就展现出了自己的兴趣爱好，关键就在于我们是否对此有所了解。平日里，我们要注意观察孩子的一举一动，了解他最近都在关注什么，比如，孩子爱蹲在地上观察蚂蚁搬家，我们就可以陪他一起观察，和他聊聊小蚂蚁……

此外，我们还可以多和孩子聊聊当前流行的话题、新闻事件、体育赛事等话题，通过观察他对不同话题的反应和表现，发现他最感兴趣的话题。比如，我们发现孩子对游泳感兴趣，那我们就可以给他报个游泳班，或者是经常带他去游泳馆游泳，从而讨论与之有关的话题。

总之，我们要想尽一切办法，了解孩子的兴趣点在哪里，然后和他围绕这个兴趣点进行交流。

● 不要回避孩子感兴趣的话题

当孩子与我们讨论有关追星、穿衣打扮等话题时，我们总会刻意回避，不希望他因此而耽误学习。其实，我们大可不必这样，因为，这正是我们教育孩子的大好时机。

如果孩子对追星、穿衣打扮等话题感兴趣，那么我们就可以主动、大胆地与他交流。在这个过程中，我们不仅可以从中了解孩子的想法，还可以把自己的想法传递给他，从而引导他正确地对待追星、穿衣打扮等问题。当然，我们的态度不能强硬，而是跟他平等地交流。

●经常向孩子请教他感兴趣的话题

很多时候，对于孩子感兴趣的话题，我们可能对此一窍不通，那么，亲子交流是否就此中断了呢？当然不是。我们完全可以把自己当成初学者或学生，用请教的方式和孩子谈论他感兴趣的话题。

就好比前面提到的事例，孩子对电脑感兴趣，如果我们遇到了电脑方面的难题，就可以主动向他请教，那么他就会滔滔不绝地把自己知道的知识告诉我们。没准，孩子以后还会主动找我们聊天呢！

57 及时肯定孩子的表达

我们大都有这样的感受，当我们的工作得到了领导的肯定时，工作的热情和劲头就会很大。其实，孩子也是一样，他也渴望得到他人的肯定，尤其是我们对他的肯定。孩子一旦得到了我们的肯定，他会非常高兴，会更有劲头和热情投入到接下来的事情中。

然而，当孩子表达得很好，或是在语言表达方面有所进步时，很多妈妈从不给予他肯定。因为，这些妈妈对孩子抱有极高的期望，希望他口才好、能说会道。即使孩子取得了很大进步，这些妈妈也不满足，而是对他提出更高的期望。

这些妈妈这样做也是为了孩子好，但是孩子很可能会觉得："不管我表达得多么好，不管我多么努力，也不会得到妈妈的肯定。”当孩子在我们的眼中看到的都是否定、失望时，他势必会变得自卑，甚至会慢慢失去前进的动力。

一般来说，当孩子觉得自己表达得不错时，他的内心就会处于一种特殊的时期——心理期待期。这时候，他最希望得到我们的肯定，也最容易从肯定的言语中获得动力。如果我们没有及时肯定孩子的表达，他就会感到失望。即使我们过后再给予他肯定，也会削弱肯定的效果。

因此，在肯定孩子的表达时，我们一定要把握好时机，要在第一时间给予他最真诚、最恰当的评价。

●对孩子少说否定的话，多说肯定的话

一天，女儿对妈妈说：“我们班过两天就要进行演讲比赛了，我还从没上台演讲过呢，真怕自己一紧张就把演讲稿给忘了。”

妈妈安慰道：“不要这样想，而是要相信自己。这样吧，你先在妈妈面前练习一下吧！”

“好吧！”说完，女儿就开始演讲了起来，虽然演讲得比较流畅，但是却没有感情，就好比是背课文一般。

不过，妈妈并没有直接否定女儿，而是对她说：“你刚才还说害怕自己把演讲稿给忘了，你看，你演讲得多么流畅啊！所以，根本就不用担心是否会忘记演讲的内容。”

“真的流畅吗？”

“当然了。如果你能有感情地演讲，那就更完美了。你可以自己照着镜子练习，看着自己的表情和动作，妈妈相信你，加油！”

妈妈的话给了女儿很大自信和力量。

试想，如果这位妈妈对女儿说一些否定的话，如“这哪是演讲啊，明明就是在背课文”，甚至给她下否定的“预言”，恐怕她对演讲就会失去信心。事实上，对于第一次演讲的孩子来说，我们最需要做的，就是帮助他树立演讲的自信，然后再一步步向他提出更高的要求。

因此，面对孩子的表达，我们要慎重考虑自己所说的每一句话，尽量少说

或不说否定的话，而是多说肯定的话。如此一来，孩子才会在肯定的语言中获得自信，才会激发出他表达的积极性。

●把握好肯定孩子的尺度

很多时候，我们在肯定孩子的表达时，容易走向两个极端：一是不及，即起不到肯定的效果；二是过度，从而导致孩子无法正确评价自己，承受不了一点打击。对此，我们一定要根据孩子的具体情况，给予他恰当的肯定，既要增强他表达的自信心，又要避免他因此变得自傲。

我们在肯定孩子的时候，不要只空洞地说“讲得真棒”，而是要发自内心地说出他讲得好的细节，或者是我们看到他的表现后的感受，如“说得很好，不仅思路清晰，而且很有条理性，妈妈一听就能明白你讲的是什么意思，和你说话，真是不用费劲”。如果我们害怕孩子得意忘形，不妨指出孩子美中不足的地方或他今后努力的方向，如“如果你说话的时候语速再稍慢一些，就更好了”。

●肯定孩子要善用他喜欢的形式

孩子的性别、年龄、个性等有所不同，他所喜欢的肯定形式也不尽相同。比如，女孩喜欢我们亲吻、拥抱她，而男孩可能会觉得尴尬；有的孩子喜欢我们当众肯定他，而有的孩子可能会觉得不好意思。

所以，我们要根据孩子的实际情况，选择他喜欢的肯定形式。比如，我们可以和孩子讨论一下这个话题，询问他喜欢的肯定形式；可以尝试几种形式，然后留意观察孩子最喜欢哪一种。不过，我们要谨记一个原则，就是多给孩子精神奖励，少用、慎用物质奖励。

第六章
让孩子珍惜在学校的表达机会

孩子的表达能力不是与生俱来的，而是在平时生活中锻炼出来的。而学校无疑给孩子提供了很多锻炼口才的机会。比如，课堂上的积极发言，学校的演讲比赛、辩论会，竞选学校的电台播音员，各种比赛、活动的主持人等，这些无一不是孩子锻炼口才的机会。

58 鼓励孩子在课堂上积极发言

芸芸的妈妈很注重培养她的表达能力，从她很小的时候就鼓励她多和小朋友说话。特别是上学以后，更是鼓励她在课堂上认真思考老师提出的问题，并积极发言。经过几年的锻炼，芸芸已经能做到当众说话不怯场，也愿意在课堂上主动回答老师提出的问题。

有一次，老师提出一个问题，芸芸回答得牛头不对马嘴，老师让她下次注意审清题目。然而从那以后，芸芸再也没有主动举手发言了，就算老师叫她回答问题，她也说得很小声。老师将这些情况告诉给了芸芸的妈妈。

在妈妈的询问下，芸芸说出了她一反常态的原因，原来她是怕答错了老师批评，同学笑话。妈妈开导她说："如果你不敢主动发言，老师怎么知道你有没有听懂呢？而且，就算答错了也没关系，这样你才会知道自己有哪些问题还没弄明白，有哪些知识还需要进一步掌握。这不是比你不敢发言要好多了吗？"

妈妈的鼓舞让芸芸勇气倍增，她逐渐抛弃了"害怕回答错误，被老师批评，同学笑话"的顾虑，开始争取在课堂上积极发言。一段时间后，老师欣喜地表示芸芸进步很大，不仅在课堂上发言积极，还参加了学校的辩论会、演讲比赛，学习的劲头也很足。

很多孩子都习惯在课堂上保持沉默，除非老师点名，否则从不会主动回答问题，有的孩子即使知道答案也不会主动发言。也许有的妈妈觉得这并不是什么严重的问题，殊不知上课积极发言对孩子的好处多多。不仅可以锻炼孩子的语言表达能力，还能让他集中注意力，提升他对知识的理解、记忆，同时还能培养孩子的自信心。

那么，我们如何才能帮助孩子养成在课堂上积极发言的习惯呢？

●改善孩子内向、自卑的性格

很多孩子不敢站起来回答问题，是因为害羞内向，还有的孩子则是对自己不自信，总觉得自己的答案是错误的，所以害怕自己的回答会引来他人的嘲笑。

对于内向、胆小的孩子，我们可以多给他提供与同龄孩子接触的机会。比如，利用节假日带孩子去游乐园、公园等人多的地方，引导和鼓励他主动与其他同龄的小伙伴结识。平时我们也可以让孩子帮我们买些东西回来，或是在家庭活动中，给孩子分配接待客人的任务。这些都能逐渐帮孩子改善内向、害羞的性格。

而对于自卑的孩子，我们可以有意识地给他一定的独立空间，让他学会照顾自己，并尝试自己决定一些事。这样，孩子会对自己的能力产生自信，性格也一定会得到改善。

●纠正孩子的某些错误观念

很多孩子因为害怕出错，害怕老师批评，害怕同学笑话而不敢主动发言，就如案例中的芸芸一样。这时候，我们一定要及时纠正孩子的这种错误观念，要让他对上课发言有一个正确的看法。

我们可以像案例中芸芸的妈妈那样，告诉孩子在学习的过程中，出错是非常正常的现象，如果因为害怕出错就停止学习的脚步，就一定不会获得进步。此外，我们还要鼓励孩子坦然面对在课堂发言中出现的错误，能从错误中发现自己的不足，并加以改正。

●与老师保持有效的沟通

案例中的芸芸在自认为有把握的情况下主动回答老师提出的问题，然而错误的回答却让她遭到老师的批评，这大大打击了她踊跃发言的积极性。还有的孩子虽然大胆举手发言，但遭到了同学的笑话，因此也产生了退缩的心理。

这就需要我们多和老师沟通，将孩子的心理变化告诉老师，让老师重视这个问题，并采取有效的措施帮孩子跨越障碍，改善这种受挫、退缩的心理。

●与孩子玩角色扮演的游戏

我们可以和孩子玩角色扮演的游戏，让他体验踊跃发言的重要。比如，我们扮演“学生”，让孩子扮演“老师”，让他从中体验到“学生”的不同反应给他带来的感觉。如果有条件，也可以建议老师跟孩子们做这个游戏，让孩子在讲台上体验一下当老师的感觉。

孩子有了这种在人前当老师的体验后，也会变得更加自信，不再害怕当众发言。

59 教孩子多与同学、朋友交流

张卓上小学 4 年级，家里条件优越，爸爸妈妈有空就会带他去各地游玩。他很聪明，在班上成绩优异，但是性格却很孤僻，不爱和班上的同学交流。老师将这个情况反映给了张卓的妈妈，妈妈觉得问题有点严重，平时也没怎么见过张卓和其他同龄的孩子玩。

妈妈担心张卓是不是和同学闹矛盾了才会这样，于是问他：“你为什么不和同学、朋友一起玩啊？”没想到张卓很不屑地回答：“和他们有什么好交流的？他们什么都不懂，我和他们没有共同语言！”

随着科技的发展和人们生活水平的提高，很多孩子通过电脑、书籍或是外出旅游等增长了见识。有时候和同学在一起时，发现自己说的很多东西别人都不知道，于是开始瞧不起他们，不愿意和他们交流。

而还有一部分孩子则正好相反，他觉得自己什么都不懂，十分自卑，因此也不爱与同学、朋友交流。就像下面案例中的这个孩子：

邹阳上小学三年级，她在班上如同“隐形人”一般的存在，不管什么时候都是低着头安静地坐在自己的座位上。下课的时候周围的同学都有说有笑，而邹阳却从不参与他们的聊天。老师见她这么沉默寡言，就告诉了邹阳的爸爸，希望他能多关注孩子的情况。

爸爸问邹阳为什么不跟其他同学玩，她回答说：“同学们说的东西我很多都不知道，根本插不上话啊，我也不知道该怎么办。”

孩子在与同学交流的过程中，不仅能分享信息，扩展知识面，还能提高自己的情商，更容易获得友谊。而不喜欢与同学交流的孩子，通常很难获得友谊，缺乏友情的滋养，这样的孩子很容易出现情感障碍，比如，孤僻、冷漠、疑心重、多愁善感等心理问题。

那么，我们如何才能让孩子多与同学、朋友交流呢？

●丰富孩子的课余生活

随着时代的变迁，现在很多孩子的课余时间不再是和伙伴一起玩游戏，而是宅在家里玩电脑、看电视，一个个都成了名副其实的“宅童”。他们甚至在假期也不出去找同学玩，而是天天闷在家里玩游戏或看动画片。

长此以往，他的心将会渐渐封闭，变得孤僻，不爱与人交往。而且就算与人交往也会觉得没什么可聊，因为他的生活已经变得很单调，根本不知道该与他人交流什么。

但是如果我们能丰富孩子的课余生活，就会变得不一样了。比如，我们可以引导孩子对画画、唱歌、舞蹈、篮球等的兴趣与爱好。让这些健康的兴趣来丰富孩子的课余生活，这样孩子就能很容易找到和自己有共同爱好的朋友，交流起来也不成问题。

如果孩子即使课余生活丰富了，仍然喜欢自娱自乐，不爱与他人交流，那么我们可以带着孩子玩一些需要两人以上才能玩的游戏。比如，让孩子和同龄的小伙伴一起下下棋，或者踢踢足球，等等。在玩的过程中，孩子自然会和别人有更多的交流。

●鼓励孩子参加学校的兴趣小组

学校总会设置很多兴趣小组，像围棋小组、航模小组、生物小组……这里面总会有孩子感兴趣的小组。而且在兴趣小组里，孩子会遇到很多和自己志同道合的同学，他可以尽情和他们讨论不同的观点和看法，这也是一种交流，而且还能开阔自己的思路和视野。

●让孩子多参与学校组织的集体活动

学校也会经常组织一些集体活动，比如组织同学们春游，或是去农场、动物园、科技馆、博物馆等地参观、游玩，还会经常举行拔河比赛、篮球比赛、跳绳比赛等。这些集体活动不仅增加了孩子和同学交流的机会，还增强了孩子对集体的认同感，有助于避免孩子与集体格格不入或是郁郁寡欢。

●教孩子与人沟通的技巧

教孩子一些沟通的技巧，可以让他更顺畅地与人交流。首先，我们可以教孩子选择话题。要选一个双方都感兴趣的话题，这样两人才能继续交流下去。

其次，要教孩子学会倾听与表述。在与同学交流的时候表述清楚很重要，但是倾听更重要，要让孩子学会听完别人的观点，再表达自己的看法。这样才不至于因为两人抢着表述自己的观点，而导致交流中断，或是出现不愉快。

最后，还要让孩子注意礼仪问题。比如，不随便打断别人说话；不在休息或吃饭的时间给朋友打电话聊天……这些基本的交往礼节都是需要让孩子注意的。

60 鼓励孩子积极参加辩论会

彭伟上小学5年级了，一天放学回家后，他对妈妈说："怎么办？明天我们班要开个辩论会，我一点头绪都没有，真是不想参加。"妈妈说："你别着急，先告诉我辩题是什么？"

彭伟告诉妈妈："辩题是'知识与实践哪个更重要'，我是正方，要辩证'知识比能力更重要'，同学们都觉得实践比知识更重要，我也这么认为，所以我不想当正方辩手。"

妈妈鼓励彭伟："如果你在这种别人都认为你会输的情况下，还能凭借自己的能言善辩，获得辩论会的胜利，不是更有成就感吗？而且，在这种情况下，就算输了也没关系啊，只要你尽力就好！你何不利用这次机会好好证明一下自己呢？"

彭伟被妈妈说得热血沸腾，立马开始准备起来。妈妈在一旁提醒他："你可以把你认为的知识的重要都一一列出来。只要准备充分，一定没问题的。"彭伟点点头。

过了一会儿，他拿着一张纸给妈妈看，上面写着知识的重要：知识是提高实践能力的基础；知识可以让人学会如何实践；知识能让人了解未知的事物，从而引发人的好奇，然后才衍生了实践与创新……

看到这些，妈妈对彭伟竖起了大拇指："非常好！你再根据这几点补充一些材料，明天一定可以很好地发挥，论证你的观点！"

第二天，彭伟信心满满地参加了辩论会，并最终赢得了辩论会的胜利。

很多孩子一提到辩论会就发憷，认为没有那么好的口才辩倒对方。其实，口才并不是与生俱来的，是练出来的，而积极参加辩论会无疑是锻炼孩子口才的一种活动。

在辩论会上，孩子需要具备很强的应变能力，这样他才能应对对方的辩驳；必须具有严密的思维逻辑，这样他才不会让对方抓住漏洞；需要有很好的表达能力，这样他才能将自己所想表达出来，并说服对方。

在这样的唇枪舌剑中，孩子的口才将会越来越好。而且通过辩论会，还能全面拓展孩子的知识。那么，我们如何培养孩子的辩论能力呢？

●鼓励孩子大胆表达自己的想法

很多孩子在家里和父母争辩的时候口若悬河，道理一套一套的，然而一到辩论会通常被对方辩得哑口无言。当然，一部分原因是对方确实辩才很好，但更大的原因是孩子没有自信，不敢说出自己的想法。

因此，我们平时应该多鼓励孩子大胆表达自己的想法，并创造机会让孩子在他人面前表达自己的想法。比如，我们带孩子出去买东西的时候，可以让孩子自己对售货员表达想买的东西，而不是由我们代为开口。

孩子在平时的生活中克服了不敢当众表达自己想法的毛病，自然也能克服在辩论会上不敢开口的毛病，从而更愿意参加辩论会。

●教孩子一些辩论的技巧

有备而战，才能胸有成竹，所以首先，我们要让孩子事先准备充足的材料。俗话说："事实胜于雄辩。"有了充足的事实性材料，孩子就能在辩论会上更有底气。

其次，要让孩子准确把握对辩位的要求。比如，一辩的要求是稳，要用具有震撼力的语言把握整场辩论会的观点；二、三辩的要求是现场应变与语言的及时组织能力；而四辩是为整场辩论赛画上圆满句号的人，所以要求有思想、有高度、有热情，能在情感上影响评委和观众。

当然，不管孩子是一辩、二、三辩还是四辩，都得确立突出自己的优势空间，抓住重点，紧绕辩题。同时还要注意场上的整体配合。此外，还要重视肢体语言的运用，即身体的站姿、眼神、面部表情、动作、手势等的运用。有时候，恰当而又丰富的肢体语言更能增加说服力。

●将孩子的“顶嘴”发展成家庭辩论会

澄澄跟妈妈说好了看半小时电视就去学习，可是半小时过了，澄澄还在看她的动画片。妈妈狠狠地批评了澄澄，可是澄澄却顶嘴说：“我就算有错您也不能这么狠心地说我啊！”爸爸正想再教育澄澄一番，被妈妈拉住了。

妈妈笑着对澄澄说：“不如我们就‘应不应该对孩子说教’的问题开一次家庭辩论会吧。”澄澄觉得很有意思，点头同意了妈妈的建议。于是一场别开生面的辩论会开始了。

澄澄“力战群长辈”，将“父母不应该对孩子说教”的辩题表述得清清楚楚，条理分明，而且在和爸爸妈妈辩论的过程中，她还认识到了自己不遵守承诺的错误。

很多妈妈总认为孩子“顶嘴”是一种没礼貌的行为，于是对这一行为加以压制。殊不知“顶嘴”其实是孩子有自己主见的表现。如果这时我们能像案例中的妈妈那样，将孩子“顶嘴”的行为发展成一次家庭辩论会，就能让他既认识到自己的错误，又锻炼了口才。

其实，我们和孩子看问题的角度不同，一则新闻，一种现象，甚至是孩子学校中的一些小事，都可以成为家庭辩论会的主题。所以，我们可以经常在家组织家庭辩论会，这样能逐渐帮孩子克服怯场、情绪紧张等毛病，同时还能很好地锻炼孩子的口语表达能力。

●告诉孩子，辩论不是吵架，要注意礼貌

我们要告诉孩子辩论并不是吵架，要让孩子注意控制自己的情绪，注意自己的风度，不要对人进行人身攻击。要告诉孩子输赢并不重要，重要的是参与，重要的是同学之间的友情，不能因为一场辩论会而伤了双方之间的和气。

61 鼓励孩子积极参加演讲比赛

娜娜是个性格内向的女孩，一说话就会脸红。一次学校组织演讲比赛，每个班都要挑选几名学生参赛。娜娜因为成绩优异，被同学们一致推选参加比赛。这可急坏了娜娜，她回到家后着急地对爸爸妈妈说："怎么办啊？要当着那么多老师和同学的面演讲，而且还不能照稿子念，得即兴发挥，光想想我都紧张！"

爸爸觉得这是锻炼娜娜的好机会，于是鼓励娜娜："爸爸相信你一定能行！你看同学们都推选你，说明你有这个能力。只要做好演讲前的准备，一定能获得好成绩。"娜娜听了很受鼓舞，但是仍然有点胆怯。

妈妈拍拍她的肩膀，对她说："不要害怕，妈妈第一次演讲的时候，背地里下了很多苦工，结果一上台就忘词。但还是鼓起勇气讲了下去，慢慢就变好了，还越讲越好。"爸爸妈妈的话让娜娜勇气倍增。

在爸妈的帮助下，娜娜认真地找材料、列提纲、写演讲稿，然后努力背熟稿子，并在家进行了多次脱稿演练。到了比赛那天，娜娜虽然一开始有点紧张，但是由于准备充分，她还是顺利地完成了演讲，并获得了第二名的好成绩。

演讲可以培养孩子当众讲话的口语表达能力。美国成功学大师卡耐基说过："演讲能力是成名的快捷方式，这种能力使一个人备受瞩目、鹤立鸡群。"可见，一段成功的演讲能让别人迅速记住自己，从而为自己争取更多的成功机会。

所以，鼓励孩子积极参加演讲比赛，能增加他成功的机会。那么，我们应该怎么去培养孩子的演讲能力呢？

帮孩子克服胆怯的心理

很多孩子在熟人面前能说会道，可是一旦让他上台给大众演讲，他就开始怯场，开始紧张。要想让孩子在众人面前成功演讲，首先就要克服他胆怯的心理，否则他的口才永远得不到提高。那么如何去帮孩子克服这种心理呢？

一个著名的演讲家曾做过一个实验：

他发现让孩子多做几次演讲，孩子会一次比一次表现得镇定，同时演讲水平也一次比一次好。说得多了，孩子就习惯了，胆怯的心理也随之淡去。

所以说，如果孩子一开始不敢参加演讲比赛，我们可以鼓励他先从班级内部的主动发言做起，然后再鼓励他参加演讲比赛。这样，他就会没那么怯场，表现也会自然很多。

鼓励孩子绘声绘色地讲故事

当孩子能将事物表述得清楚、形象时，他的演讲也会显得更有激情、更生动、更有感染力。孩子都喜欢把自己知道的故事讲述给别人听，我们可以鼓励他绘声绘色地讲故事，这样就可以提高他的表述能力，进而提高他的演讲水平。

比如，当孩子讲到某种小动物时，我们可以鼓励他模仿动物的叫声，或是边讲边模仿动物的形态。通过讲故事时的不断模仿，孩子讲述事情的声音和表情也会越来越丰富，他的语言表达能力也随之提高。

不要打断孩子的“饭桌演讲”

孩子到了五六岁时，都喜欢在饭桌上进行他的“演讲”，讲幼儿园发生的事，讲他看到、听到、想到的有趣的事，有时讲得兴起甚至忘了吃饭。这时，很多妈妈总会板着脸制止孩子：“吃饭时不许说话！”但是吃完饭后，孩子又没兴趣讲了。

这时，我们不能对这种现象予以简单的制止，这样做只会阻碍孩子语言表达能力的发展。我们可以对孩子加以引导，比如在饭前问他：“今天幼儿园有没有发生什么好玩的事？”这样孩子就能将“饭桌演讲”变为“饭前演讲”。

●经常组织“家庭演讲会”

我们可以在家为孩子组织小型演讲会，以培养孩子观察、思维、语言表达等能力。孩子刚开始演讲的时候，可能讲得不是那么流畅，我们只需要鼓励孩子大胆去讲，次数多了，孩子就会越来越有经验，语句自然也会越来越通顺。

经常组织这样的“家庭演讲会”不仅可以提高孩子的演讲能力，还能提升孩子的口才，改善孩子不善言辞的状况。

62 竞选班干部，锻炼表达能力

易璇是个性格内向的女孩，但是由于学习成绩比较好，刚上三年级时，老师就有意让她竞选班长。易璇很担心自己做不好这项工作，回家后就跟妈妈诉苦：“这可怎么办？当班长可是管着整个班上的人，我怕自己做不好。”

妈妈见易璇为这事急得团团转，给她出了个主意：“你们不是要竞选班干部吗？不如你先竞选当语文课代表，你的语文成绩那么好，一定可以胜任这份工作。而且你可以慢慢锻炼一下自己的能力，然后再去竞选班长，妈妈相信你一定会越做越好。”

易璇听妈妈这么一说，觉得很有道理，于是第二天竞选了语文课代表。别小看语文课代表，这需要易璇与班上的同学和任课老师打交道，而易璇也因此锻炼了自己与人沟通的能力。

渐渐地，易璇变得越来越开朗，也越来越受同学欢迎，对自己也越来越有信心，上小学四年级的时候，她竞选成为了班长。

当班干部对孩子来说是一种鼓励，也是对他能力的锻炼，除了可以增强孩子的责任心，对他与人沟通的能力和表达能力也是一种很好的锻炼。因为当班干部必须与同学、老师打交道，说话的机会多了，表达能力自然也会提升。

而且在与同学、老师沟通的过程中会出现一些问题，比如，面对不按时交作业的同学，要怎么才能既说服他们，又不至于伤害他们；面对老师的时候，要怎样将每周或每月的工作总结清楚，并明白地表述出来……

这些都是对孩子各方面能力的锻炼，既然让孩子当班干部好处多多，我们为什么不鼓励孩子竞选班干部，并当好班干部呢？

●鼓励孩子争当“小组长”

像案例中的易璇一样，有的孩子担心自己无法胜任一些班干部职务，那么我们可以鼓励他从“小组长”当起。

其实“小组长”的作用也是不容忽视的，比如，孩子当上组长后，需要收发作业；组织课堂讨论交流；监督帮助后进生……这些都能让孩子通过与同学、老师打交道提升自己的表达和与人沟通的能力。

●引导孩子协调好学习与班务工作的关系

也许有的妈妈认为担任班干部会影响孩子的学习，因而不赞同孩子去竞选班干部。其实，我们只要引导孩子协调好学习与班务工作的关系，就能使他既不会耽误学习，又能锻炼自己的沟通与表达能力。

我们可以鼓励孩子制订一个学习和工作计划，在保证学习时间的基础上，安排好班干部的工作时间。比如，轮到孩子值日的那天，早上他需要督促同学交作业，要带领同学晨读，还要做好班级的卫生，那么可以让孩子提前半小时到学校做值日的事宜……

其实，学习与班务工作并不冲突。作为班干部，要为同学树立学习的好榜样，孩子自然会更有学习的劲头。当学习进步后，孩子就会信心十足，将更加努力去学习，这其实是一个良性的循环。

●纠正孩子对班干部的错误认识

有的孩子当上班干部后，就有点自高自大，他没有将班干部看成是一种荣誉和鼓励，不懂得更加努力和约束自己，反而把自己当成高同学一等的存在。于是把精力都放在了“整治”同学身上，今天“管教”这个同学，明天“批评”那个同学……总之，不仅麻烦事不断，成绩还直线下降。

这时候，我们就要纠正孩子对班干部这一职务的错误认识。我们要及时、明确地告诉孩子，当了班干部并不代表他可以耍威风一样地去教育别人、管束别人，而是应当约束自己，努力起到带头作用，带领同学好好学习，好好办事。

只有孩子正确认识了班干部这一职务，他当选班干部才能对自己、对同学有积极正面的意义，否则只会产生消极负面的影响。

63 学会有感情地朗诵课文

古人有云：“读书百遍，其义自见。”意思是说书多读几遍，其中的意思自然能领会，也就是说，要熟读才能领会书中的意思。在古代，孩子接受的启蒙教育就是从朗诵开始，而在现代，朗诵课文也是一个重要的语文学习方法。

最近浩浩的语文课上在学《假如》一文，老师要求他回家后有感情地朗诵这篇课文。回到家后，浩浩翻开课本就读起来：“假如我有一枝马良的神笔，我会给窗前的小树画一个红红的太阳，让小树……”

还没读完就被妈妈阻止了：“浩浩，你怎么读得平平淡淡，一点感情都没有？让人完全听不出这篇课文的优美了。”

“那要怎么读？我们平时都这么读的。”

妈妈没有直接告诉浩浩怎么读，而是先问他：“这篇课文的思想内容是什么？”

“假如我有一枝像马良那样的神笔，我会画些什么。”

“那你再想象一下，你就是课文中在寒风中冻得瑟瑟发抖的小树，此时你的心情应该是怎样的？”

浩浩被带入其中，说：“应该是很无助的！”

“对了，在你最无助的时候，一轮红日照在了你的身上，这时你的心情又是怎样的？”

“应该会觉得浑身暖洋洋的，很舒服！”浩浩兴奋地回答。

“是啊，这样感情不就出来了吗？你再朗诵一遍。”

这次浩浩读得声情并茂，因为他体会到了课文的思想感情。

可见，孩子在朗诵的过程中，能提升自己的理解能力、记忆能力、表达能力、阅读能力和写作能力。有感情的朗诵课文更是能培养孩子敏锐的语感。当然，要让孩子有感情地朗诵课文并不是很容易的事。那么，如何教孩子学会有感情地朗诵课文呢？

●朗诵课文前，先体会其思想内容

很多孩子认为只要声音洪亮，就是有感情的朗诵。其实不然。朗诵课文首先要理解文章的意思，体会其中的思想感情，才能做到有感情朗诵。如果对课文一知半解，又怎能读出其中的感情呢？

所以，要让孩子先领会课文的思想内容。就好像案例中的浩浩一样，弄懂了贯穿全文的情感基调，读起来自然能情景交融。

●教孩子掌握朗诵课文的方法

孩子在朗诵课文时，首先要做到“三到”。所谓“三到”，就是心到、眼到、口到。只有“心眼口”都专注在课文中了，朗诵的收益才会最大。也许孩子一开始并不能做到自始至终的“心到”，没有关系，只要每天坚持让孩子朗诵课文，他的专注度就会得到提升。

此外，还要让孩子做到字正腔圆，把课文读通顺。也就是说，吐字要清晰，每个字的发音要准确，读得要流利自然。比如，有的孩子在朗诵的时候，容易读错一些相近的字，或是遇到不认识的生字，读得磕磕巴巴，惹得同学哄堂大笑，这又谈何有感情的朗诵呢？

所以在朗诵课文前，可以先预习一下，通过查字典、问老师等方法解决生字词，然后多读几遍课文，读起来自然会顺畅很多。

●把握好朗诵时的感情变化层次

一篇课文有不同的感情基调，这就要求孩子理清文章的感情变化层次，使通篇形成不同的音色对比。比如案例中《假如》一文中：“假如我有一枝马良的神笔，我会给窗前的小树画一个红红的太阳，让小树在冬天也能快活地成长，不会在寒冷的北风里缩着身子，轻轻叹息。”

前三句传达的是愉快的感情，可以用激动的语气，声音稍高、稍快地朗诵。而后两句传达的是同情、怜悯的感情，可以用低沉的语气，声音稍低、稍慢地朗诵。这样通篇下来，就能让听者品出不一样的感情。

●让孩子读出抑扬顿挫

孩子在朗诵课文的时候掌握一些技巧，读起来会更有感情。比如，停顿的长短，重音的强弱，语速的快慢，语气、语调的变化……这些都是孩子平时朗诵课文时需要认真钻研的技巧。

这些技巧具体如何运用，就要视句子的内容或所表达的思想感情来定。如果孩子理解了课文中每句话的含义，了解了作者想表达的感情，就能将课文读得抑扬顿挫，充满感情。

64 鼓励孩子做学校电台播音员

学校的广播站要招募播音员，老师让同学们都踊跃报名参选。陈玉也很想参选，放学回家后将这件事告诉了妈妈。妈妈很赞同她去参选学校播音员，可是陈玉仍然觉得有点担心："如果播得不好会被同学、老师笑话吧？"

妈妈鼓励她："你要相信自己，你的普通话说得很标准，而且平时老师不总是让你给大家朗读课文吗？说明你朗诵得很好，很有感情，只要准备充分，相信你一定能行的！当然，这次没被选上也没关系啊，至少能给你下次参选多增加些经验。"

在妈妈的鼓励和支持下，陈玉鼓起勇气报名参选了，而且还被选中参与第二天的试播。陈玉兴奋地告诉了妈妈这件事，妈妈很替她高兴，同时还鼓励她选择适合自己，能将自己的声音特点发挥到最佳状态的试播稿，这样一定能通过试播，正式成为学校播音员。

陈玉准备了一段文字优美的稿子，打算明天试播的时候作为开头播报，并且还在家里反复朗读了很多遍。第二天，伴随着美妙的音乐，陈玉开始试播了："尊敬的老师、同学们，你们好，我是播音员陈玉。伴随着优美的音乐……"

陈玉在试播的时候尽力做到字正腔圆，充满感情，并渐渐地投入其中。当播报完后，老师对她说："你的试播很成功，恭喜你正式成为我们学校广播站的播音员了。"陈玉听了高兴得跳起来。

从那以后，每周二、周四中午，校园里总回荡着陈玉清脆动听的声音，而陈玉也渐渐成为了校园的"小名人"。

可见，如果我们能鼓励孩子争当学校的电台播音员，无疑是对他口才的一种很好的锻炼。作为一个优秀的学校电台播音员，需要具备哪些素质呢？首先要有良好的表达力，还要具备临场发挥能力、即兴演说能力、应变能力等，这些都缺一不可。

那么，如何才能让孩子成为一名合格的学校电台播音员呢？

●教孩子准备充分

要让孩子成为一个优秀的播音员，就得让他事先做好充足的准备。

比如，午间整点播报，可以播报一些社会新闻或是学校的新闻。孩子事先可以了解一些重要的时事和社会新闻；还可以整理一些学校里发生的有趣新闻、好人好事；还有近期内学校将要举行的活动；等等。这些都可以在整点播报时播出。

对于朗诵类的播报，就可以让孩子准备一些文字优美的散文，或是故事曲折动人、又有意义的故事。当然，在准备这些文章的时候，别忘了准备一些自己对文章、故事的看法，或是从中领悟到的道理。

此外，还可以让孩子准备一些英语小故事，这样不仅能锻炼孩子的口才，还能锻炼他的英语读、说、写的能力。

不管播报什么，只要准备充分，就一定能在一次次的锻炼中，成为优秀的播音员。

●让孩子注重读准字音

苏联艺术语言大师符·阿克肖诺夫说过：“吐字不好，不清楚，就像是键坏了的破钢琴似的，简直叫人讨厌。”对于播音员来说，这方面尤其重要，因为播音员每天都要用有声语言与大众进行交流，他肩负着传承、规范语言文化的重要责任。

而校园播音员同样肩负着这个重要责任，同时，他也是让同学争相效仿的语言老师和榜样。因此，我们一定要让孩子在播报的时候注意读准每个字音。

对于不认识或读不准的字，一定要让孩子查字典、请教老师或同学，确认这个字的读音。同时，对于那些常见的多音字在不同地方的不同读音也要非常注意，比如，“着”字在“着法、着数”（象棋术语）等词中，读音是“zhāo”；在“着急、着火”等词中，读音是“zháo”；在“穿着、着装”等词中念“zhuó”；在“走着，好着呢”等词中念“zhe”。

所以，孩子在播音的时候一定要注意一些难字、生字、多音字的读法，并且一定要读准所有的字音。

●训练孩子的应变能力

当学校的电台播音员少不了应变能力，这个应变能力是指即使出了差错也不会慌张，而是能巧妙地利用差错圆场，并把话接着说下去。如果我们能在平时生活中就锻炼孩子的应变能力，让他适应各种突发的情况，那么他在播报的过程中也一定能应变各种情况。

我们可以告诉孩子，所有的事情都是发展变化的，不会是一成不变的。同时，我们也可以与孩子讨论，如果事情发生某种变化，应该如何应对。这样，慢慢地，孩子的应变能力就会不断提高。即使孩子在播音的过程中遇到意外状况，也会轻松地应对过去。

65 让孩子珍惜为同学做“代言人”的机会

在同学面前敢于“直言”的孩子，往往被大家当做“代言人”。这些孩子通常都富有正义感，敢于并乐于助人，“得人心”，大家都信服于他。

我们应该多鼓励孩子珍惜为同学做“代言人”的机会，因为这不仅可以锻炼孩子的口才与临场反应力，使他机智又口齿伶俐，还能让他更具人格魅力。

林震是一个性格很耿直的男孩，平时就乐于帮同学解决困难。最近，学校打算重新修改学生手册，希望同学们都能提出自己的建议。同学们的建议五花八门，各种各样的都有。

有的同学建议修改三好学生、优秀学生干部的评选标准；有的同学建议学校的晨间音乐应该经常更换曲目；有的同学建议自习课可以改成大家讨论课……这么多的建议让学校不知从哪里听起。于是让每个班推选一个同学作为“代言人”，搜集同学们的建议，并和学校一起具体商讨这些建议。

林震被推选为他们班的“代言人”，他觉得很高兴，也下决心一定要珍惜这次“代言人”的机会，为同学多争取一些权益。他认真尽职地搜集着能反映同学心声的建议，并号召同学提出一些有利于学校发展、学生学习的先进、时尚的想法。

最后，林震将这些建议汇报给学校，并为同学们据理力争，终于使学校接受了班上同学提出的不少建议，成功地做了一次同学们的“代言人”。

在为同学代言时，孩子总会有许多跟同龄人、老师等人交流的机会。在协调解决问题的过程中，孩子要想办法表达自己的观点，说服别人，劝人接受自己的想法，不知不觉中口头表达能力已经很厉害了。

那么，我们如何让孩子珍惜为同学做“代言人”的机会呢？

●教育孩子平时乐于助人

琪琪是一个很受同学们欢迎的孩子，她不仅学习成绩好，还常常主动帮助他人。爸爸妈妈言传身教，经常鼓励她如此。有时候下雨了，如果同学没带伞，她会主动提出将伞借给人家，久而久之大家都很喜欢她。

在助人为乐的过程中，同学们总会跟她交流，她也总会礼貌地说笑，这样，不仅为自己赢得了好人缘，更让她锻炼了沟通能力与表达能力，给她创造了许多主动与同学交流、锻炼口才的机会。

要想成为同学们的代表，一定得有广泛的“群众基础”。助人为乐不仅能培养孩子的同情心，体现良好的道德素质，同时可以锻炼孩子的口头表达能力和沟通能力，使孩子在帮人解决问题的同时，训练了口才，还能赢得好人缘，何乐而不为呢？

●鼓励孩子敢于维护同学的权益

肖云是个小班长，夏天的时候小伙伴们常常玩得手脏兮兮的，洗也洗不干净。肖云看在眼里，想为同学们争取权益，跟学校老师说说看能否在洗手间配备洗手液。回到家，他跟父母说了这个想法，爸爸妈妈很支持他，鼓励他为了同学们试着做一次“代言人”。

于是，小家伙想尽了办法，煞有介事地在同学们中间做调查，然后将整理好的意见一条一条地汇报给学校老师，一趟又一趟地跑到老师办公室，与老师认真地沟通。学校在经过慎重考虑后，同意在洗手间配备洗手液，肖云的“游说”成功了！

其实最后的结果并不那么重要，有些事情解决的周期可能较长，但在与老师和同学的交流过程中，肖云这个“代言人”不仅大大提升了沟通能力，同时为了能更好地维护同学的权益，将自己的意愿表达得更清晰，也需要充分发挥他的口才。这也将使他的表达能力得到很好的锻炼。

所以，让我们多鼓励孩子敢于为维护同学权益而出头，不仅使他能更被人信服，也将大大锻炼孩子的领导能力、沟通和表达能力。

●让孩子学会主动开口

孩子在与其他人的交流中敢开口，口才锻炼的目的就成功了一半。所以，平时我们就应该劝孩子抓住机会，多与其他人交流说话，在相处的过程中主动开口。让孩子多说多学，总有一天，我们会发现他的口才已经相当好了。

66 鼓励孩子做个小主持人

在我们的印象中，主持人都是能说会道的，其实主持人不仅需要很好的语言能力，还需要表演能力、协调能力、组织能力、自信力等多种素质。这样才能驾驭自己所主持的活动，并镇定、灵活地应付台上台下出现的各种意外情况。

当然，这些素质并不是生来就有的，是需要经过一些锻炼才能积累起来的。因此，我们可以鼓励孩子从“小主持人”做起，让他从小就接受这方面的训练和锻炼。

六一儿童节快到了，学校要组织一次文艺汇演，老师想让上四年级的雯雯担任主持人。雯雯虽然很高兴老师能推举她当主持人，但想到要在全校师生面前主持节目，又觉得有些害怕。回到家后，她对妈妈说：“妈妈，老师让我主持六一儿童节的文艺汇演，可我一点经验都没有，到时候怎么办啊？”

妈妈鼓励她：“这是好事啊，这是多么难得的锻炼机会啊，而且经验不就是这样积累起来的吗？再说你平时给我们讲故事的时候声音响亮，吐词清楚，很有感情，相信你们老师也是看到你这些优点，认为你具备当主持人的才能才推选你的。”

听了妈妈的鼓励，雯雯很高兴，她心想：对啊，老师不正是觉得我可以胜任主持的工作，才让我担任小主持人的吗？我一定不能辜负老师和妈妈的希望，一定要主持这次文艺汇演。从那以后，雯雯每天早上6：00就起床背老师交给她的主持词。

当雯雯能流利背诵主持词后，又在妈妈面前预演了好几遍，在妈妈的提议下，她在主持的时候又适当加了一些手部动作。终于到了文艺汇演的那天，雯雯激动地站到了台上，看着台下专注的观众，雯雯开始了正式主持工作。渐渐地，她越说越流利，动作也越来越自然……

当听到台下一阵阵的掌声后，雯雯油然而生一种自信和成就感。最终，她出色地完成了这次主持文艺汇演的任务。

其实，孩子在学校经常有这样的锻炼机会，比如，学校的各种文艺汇演、各种比赛等。这些活动和比赛都需要主持人，如果我们能鼓励孩子去做小主持人，那么他的表达能力，以及其他很多能力都能从中得到锻炼和提高。

那么，我们该如何培养孩子成为小主持人呢？

●培养孩子开朗的性格

性格开朗的孩子往往很自信，他不太在乎别人对自己的看法，一般不存在害怕或害羞的心理。这样他就能做到无论面对多大的主持场面，都不容易怯场、会镇定自若。而孩子性格的形成，有一部分是天生的，但还有很大一部分是后天教育的结果。

我们是孩子最好的榜样。所以，我们本身应该有着开朗活泼的性格，这样才能让孩子在我们的潜移默化之下变得更加开朗。另外，我们平时对孩子的要求和监管不宜太过严苛，面对孩子的错误也不要穷追猛打。这样，孩子才能敞开心扉，自信开朗地面对生活。

●让孩子喜欢口语表达

通常那些喜欢当小主持人的孩子，平时也很喜欢口语表达。那么，如何让孩子喜欢口语表达呢？其实也不难，我们在家就可以给孩子创造表达的机会。比如，鼓励孩子讲故事，像前面提到的，进行家庭朗诵比赛，开个小辩论会……

这些家庭小活动让孩子觉得毫无压力，因此他会很踊跃地参加，而在参加的过程中，他体会到了口语表达的乐趣，自然会渐渐喜欢口语表达。

●让孩子体验当“小主持人”的感觉

如果我们平时能让孩子体验到当“小主持人”的感觉，并喜欢这种感觉，他一定更愿意争当班级或学校的小主持人。

比如，我们可以经常在家举行类似“周末小舞台”这样的活动。也就是周末的时候举行一个小型家庭文艺汇演。表演人、观众可以是全家人，也可以叫邻居一起参加。让孩子在这样的活动中体验一下当“小主持人”的滋味。

相信，孩子会很乐意主持这样的家庭活动，而且在家练得多了，孩子自然不会那么怯场，在班级或者学校主持更大型的节目时，也会显得更加大方得体。

第七章 培养孩子强大的沟通能力

孩子的沟通能力强，就可以在任何情况下都不会怯场，都能大大方方地、有礼有度地与他人进行沟通与交流。这不但能为他赢得一个良好的人际关系，还有助于让他的表达力更上一层楼，使他善言辞，甚至会让他本身更具魅力。

67 在言语上一定要尊重他人

尊重他人，是我们在与人沟通时应该要做到的最基本的礼仪。这样做，可以保证我们与他人的沟通顺利进行。孩子也不例外，在他想要利用言辞向他人表达自己的意思时，一定要先做到在言语上尊重他人，否则，他的不恰当的言语，会成为他人际交往中的障碍。

姜磊是一名四年级的小学生。一次，他与同学约好在动物园的北门见面，一起逛动物园。可当他按约定时间到达时，他发现自己居然找不到动物园的北门在哪里。

这时，正好有一位老爷爷从他跟前走过，他赶紧跟过去，焦急而大声地问道："喂，老头！你知道动物园的北门在哪里吗？"

那位老爷爷听到姜磊的声音后，转过头来严厉地瞪了他一眼，说道："真没有礼貌！"然后，他头也不回地走了。

姜磊的脸"刷"一下就红了，站在原地半天都没动地方。

姜磊问路没成功，还遭到了老爷爷的训斥，问题就出在他说话没有礼貌、不懂得尊重他人。如果他能以正常的声音这样问："这位老爷爷请等一等，能向您打听一下动物园的北门在哪吗？"相信事情会有不一样的结果。

在生活中，有很多孩子都遇到过类似姜磊的这种情况，他们往往因为没在意、急躁、生气或是其他原因而忘记了言语上的尊重和礼貌，从而冒犯、顶撞、惹怒了他人，使他人不愿意再与他们沟通和交流。而这种情况，正是孩子不善言辞、缺乏表达力才导致的。

所以，我们要引导孩子在言语上尊重他人，以加强他的沟通能力，从而提高他的表达力，使他能正确而恰当地表达自己的意思。

●不管多么着急，也要记得尊重他人

我们平时要多叮嘱孩子，不管他有多么重要的事情、心里多么着急，也不要在言语中透露出对他人的不尊重，如没用礼貌用语、心不在焉、话不对题等，否则，只会给自己添加苦恼，达不到沟通的目的，还有可能会受到他人的轻视或责备。

此外，当孩子情绪不佳时，我们要注意提醒他，此时与他人交谈更要注意言辞，不能因为他的情绪不好，就在言语上冲撞或是冒犯他人，尤其是在师长面前，更不能出言不逊。

●不要在话语中透出高人一等的姿态

孩子在与人交谈时，如果在话语中透露出高人一等的姿态，不管他是否有意，都会让听者感觉他是在炫耀自己、贬低别人，犯了人际交往中的大忌。这会令听者不舒服，觉得自己的尊严受到了挑战和损害，从而不愿意再与孩子进行交流，甚至会对他反唇相讥、恶语相向，使情况更加恶劣下去。

所以，我们要时常告诫孩子，不要用妄自尊大的心态去与人交流，不论是在举止神态上，还是在语气言辞上，最好都不要表现出高人一等的姿态。即使是他本身真的具有令人羡慕、使他自己感到自豪的地方也不能这样去做。因为虚怀若谷、谦虚谨慎的人，永远要比那些骄傲自满、狂妄自大的人受欢迎得多。

●不嘲笑或攻击他人所说的话

嘲笑或攻击他人所说的话，是最不尊重人的表现。所以，当我们看到孩子有这样的行为时，一定要及时制止他，并引导他设身处地地为对方着想一下。我们可以对他说："孩子，如果别人嘲笑或攻击了你所说的话，你心里会好受吗？'己所不欲，勿施于人'，你自己不愿意、接受不了的事情，别人会有同样的感受。"

此外，我国幅员辽阔，各地的方言和说话方式有很大的差异性。当孩子遇到了与他的口音或说话方式不相同的人时，我们要注意提醒他，不要去嘲笑对方，更不能恶意模仿。

●不要称呼他人的“外号”

当我们听到孩子叫他人“外号”时，要明确地告诉他，这是错误的行为，是一种在言语上不尊重他人的表现。

我们可以告诉孩子，“外号”往往带有贬义，有的甚至是直指他人的某些缺陷。如果他叫了对方的“外号”，很有可能会引起双方的冲突，即使人家表面不说什么，心里也不会舒服，进而也就不再愿意与他进行交往了。

68 教孩子学会大方地做自我介绍

新学期开始的第一天，三年级1班新来了一名转学生。只见他站在教室的前面，用平静而缓慢的语气向老师和同学们自我介绍道：“老师好！同学们好！我叫张子超，今年9岁。我的家搬到了附近，所以我也转学来到了这所美丽的学校。有幸和大家成为同学，我很高兴，希望我们能成为好朋友！谢谢老师！谢谢同学！”

他话音刚落，教室里就响起了一片鼓掌声。

张子超小朋友人虽小，但很会自我介绍，只是短短的几句话，他就将自己的姓名、年龄、住址、转学的原因、对新学校和新同学的印象全部都表达了出来，而且显得非常有礼貌，很得体。这使他在极短的时间内，就抓住了新老师和新同学的心，让他们认可和接受了自己。

可见，自然随和、礼貌得体、大方友好的自我介绍，就像是一张让人印象深刻的名片，不但可以有效地帮助孩子迅速融入到新的环境中，还有利于他进一步发展社交。而且，恰当而得体的自我介绍，还可以使孩子显得善于言辞，表现出了较强的沟通和表达能力。

那我们如何才能教孩子学会大方地介绍自我，打好与人沟通交流的基础呢？

●亲切友好、自信坦诚地进行自我介绍

有些孩子在进行自我介绍时，不是表现得十分拘谨、很害羞，就是一副趾高气扬、不可一世的样子。这两种情形，都不利于孩子顺利地进行自我介绍，而且，前者可能会引起他人对孩子的轻视，后者则可能会让他人对孩子产生厌烦之心。

所以，我们可以告诉孩子，当他在进行自我介绍时，要面带微笑，保持大方得体、彬彬有礼的举止，以及自然、友好、亲切、随和的态度，这样才能让对方在第一时间内就接受他，对他产生好的印象。而且，他在向人介绍自己时，最好要抬头挺胸，看着对方的眼睛，这样会使他显得自信又大方，有助于他与其他人的交流。

此外，孩子进行自我介绍时，我们还要提醒他要实事求是、坦率而真诚，千万不可捏造信息，更不可自吹自擂。

●介绍词要文明有理、简洁精练、突出重点

我们在教孩子做自我介绍时，要明确地告知他，在介绍词中，“您好”、“大家好”、“谢谢”等这样的文明用语是必不可少的，这是基本的礼貌。

而且，介绍词最忌讳啰唆和烦琐，那不但会让人感到很厌烦，还会使人听不明白其中基本而重要的信息。所以，孩子的自我介绍词应该条理清晰、简洁凝练、突出重点。

比如，姓名、年龄、住址是最基本、最重要信息，要在介绍开始时，就简

单而清楚地向他人交代明白。如果有必要，接下来还可以将他自己的联系方式、兴趣爱好等信息做一个简洁的介绍，这会让他人在短时间内，进一步了解孩子的相关情况，有利于双方的沟通与交流。

此外，简洁而凝练的自我介绍，可以避免浪费他人的时间，这是对他人的一种尊重，可以使孩子给他人留下良好的印象。

●放缓语速，语音清晰

在做自我介绍时，如果孩子的语速过快，或是他的语音不清楚、声音不够响亮的话，他人很可能会来不及捕捉他语言中的有用信息，或者听不清他在说些什么。这种自我介绍是不成功的，说了和没说基本没有什么两样。

所以，当孩子进行自我介绍时，我们应该提醒他，要适当地放缓语速，声音要清晰响亮，避免磕磕巴巴，这样才能让人听清楚、听明白他到底在说些什么，也才能准确地接收到有关他的有用信息。

●主动进行自我介绍

孩子能主动向他人进行自我介绍，不但说明他的表达力有所提高，还会让人觉得他懂事、有礼貌。所以，我们平时要有意识地锻炼孩子，给他主动介绍自我的机会，不要次次都替他把话说了，这样才会让孩子逐渐掌握自我介绍中的关键。

此外，当孩子做自我介绍时，如果有必要，我们可以提示他，主动去与对方握手或拥抱，这些肢体语言，更有利于提高他的表达力。

69 教孩子学会跟人打招呼

跟人打招呼，是日常生活中比较常见的行为，也是我们在人际交往中应该遵行的基本礼节，可以表达我们对他人的友好之情。对孩子来说，能够做到主动跟人打招呼，也是他有礼貌、善言辞的一种良好表现。

可是，有很多孩子却因为各种原因做不到这一点。在外人面前，他们总是表现得很扭捏，一句话也不说，这会使他显得没太有教养，也会让我们觉得尴尬。

妈妈接茵茵放学时，在小区门口碰到了邻居家的李奶奶。妈妈赶紧下车向李奶奶打了声招呼，并对坐在自行车后座上的茵茵说："茵茵，快向李奶奶问好！"

可是，茵茵就像没听见妈妈的话似的，低着头不肯说话。妈妈见状又催促了她一声，可她依然是一副扭扭捏捏的样子。妈妈很生气，批评她道："茵茵，怎么这么没有礼貌呀？"

这时，只听李奶奶笑着说："茵茵变成大姑娘了，知道害羞喽！"妈妈听后，只好尴尬地向李奶奶笑了笑，并连声附和着说："是呀，是呀！"

茵茵的不礼貌和不善言辞让妈妈很尴尬，但这并不是她的错，谁也不是天生就会向人招呼，我们只有耐心地引导，长期以身作则，才能让像茵茵这样的孩子学会跟人打招呼。而且，我们最好找出孩子不爱打招呼的原因，这样我们才能有针对性地对他进行引导和培养。

一般情况下，孩子不爱跟人打招呼主要有以下几点原因：

第一，孩子过于羞怯，不敢跟人打招呼。

有些孩子天生胆小、害羞、不善言辞，别说在外面不敢向人打招呼了，就算是在家里，他们也不敢向来访的客人主动打招呼、问好。

对于这样的孩子，我们不要急着逼迫他去做，或者为此而批评他，否则，情况可能会越来越糟，还有可能会引起他的逆反心理。为此，我们有必要用一些小技巧来引导他。

比如，当在外面遇到了认识的人时，我们可以跟孩子商量着说："像妈妈一样问声'好'好吗？这可是讲礼貌的小朋友应该做到的呦！"此时，如果孩子没有照着做，我们不要对他发脾气，而是应该在与人话别后，鼓励他说："妈妈相信你下次一定能开口向人问好的！"

如果孩子开口跟人打了招呼，我们就要及时肯定和表扬他的好行为了，以增强他的自信心，使他在人前变得不再那么羞怯。

当家里要来客人时，我们最好提前将客人的有关情况告诉孩子。如果是他不认识的人，我们要向他讲一下客人是做什么的，跟我们是什么关系，使孩子对客人不再那么陌生；如果是孩子认识的人，我们可以直接告诉他来者是谁，以便让他有个心理准备。

此外，我们的自身行为，对孩子来说也很重要。不管孩子现在情况如何，我们一定要坚持做到跟人见面主动问好打招呼。时间长了，孩子自然会模仿我们的言谈举止，相信不久后的一天，我们一定会欣喜地看到，孩子能主动跟人打招呼了。

第二，不明白跟人打招呼是一种礼貌的行为。

有些孩子不跟人打招呼，是因为他认为这很正常，因为他看到周围有很多孩子跟他一样，并不认为这是一种不礼貌的行为。对于有这样想法的孩子，我们要加强他的文明意识，多给他讲一些相关的小故事，或是交流一下文明礼貌守则等。有必要的话，我们可以适时地给他提醒，以便让他明白，跟人打招呼是与人相处的基本礼节，是一种有礼貌的良好行为。

第三，不知道怎样去与他人打招呼。

有时，孩子没有跟人打招呼，是因为他不知道应该怎样去做。这种情况很常见，大多是因为我们的忽略，而使孩子没有得到这方面的培养和教育。所以，我们要从一点一滴开始教起，让他能处理好各种情况。比如，见到师长要主动敬礼、微笑，说声“您好”；出门前、回家后，要向父母打招呼；家里来了客人或出门遇到认识的人时，要主动上前打招呼问好……

此外，对于孩子如何称呼他人的问题，我们也要加以注意，并给予他必要的提醒。比如，上了年纪的人要称“爷爷”、“奶奶”；年龄大的人要叫“叔叔”、“阿姨”；年轻的就叫“哥哥”、“姐姐”；等等。

70 让孩子学会倾听他人

美国著名成功学大师戴尔·卡耐基曾经说过：“一双灵巧的耳朵胜过十张能说会道的嘴巴。”可见，在与人沟通时，倾听是十分重要的。

确实是这样，倾听就像是海绵，可以帮我们汲取别人的经验和教训，使我们在人生道路上少走弯路。通过倾听，我们还可以建立起更加和谐的人际关系，能成为被人信任、受人尊重的人。

对于孩子来说，认真而仔细地倾听他人的讲话，不但是一种有礼貌、尊重他人的表现，也是他学习和感知他人的语言，消化其中内容和含义的重要途径。所以，倾听，既是孩子学习言辞表达的前提之一，也是他能拥有良好人际关系的关键之一。

但是，倾听又是一门艺术，它需要诚意、专心和思考，对于活泼好动、精力容易分散的孩子来说，要想掌握好这门艺术，还是有一定难度的。

那么，我们如何做，才能让孩子学会倾听他人呢？

●提醒孩子，要给他人说话的机会

班会上，老师让同学们以小组为单位，自由讨论一下有关学习方法的问题。

小樱因为自己平时学习成绩好，底气十足，不把本小组其他成员看在眼里，将小组讨论会生生变成了她个人的“经验发布会”，在整整15分钟的讨论时间里，别人几乎都没能插上什么话，都是她一个人在说。

当老师宣布讨论结束，让每组上交讨论结果时，小樱这组有一名同学站起来，大声地说：“老师，能不能重新讨论？我不想和小樱一组了，我有好几个问题都没说呢！”随后，和小樱一组的其他同学也都纷纷提出了同样的要求。

小樱坐在自己的座位上，尴尬不已。

像小樱这样，在交谈中，只顾自己喋喋不休、口若悬河，不给他人说话机会的做法，是十分不礼貌的行为。这样的孩子往往自视甚高、骄傲自负，不会体贴他人的感受，更不会虚心倾听他人，尤其是同龄人的话了。

对于这样的孩子，我们有必要提醒他，在与人交谈时，一定要注意给对方留出讲话的机会，这样他才能真正达到与他人沟通交流的目的。

●带着诚意，全神贯注地倾听他人的谈话

有些孩子在听他人讲话时，不是交头接耳、左顾右盼，就是心不在焉、沉默呆滞，不知道在想些什么。这样的态度十分不礼貌，也是对讲话人的不尊重，会给人留下不好的印象，而且，还会降低讲话人的热情，进而影响双方的沟通。

所以，我们要告诉孩子，在听他人讲话时，一定要有诚意，要全神贯注地专心去听。我们可以建议他将眼光注视在讲话人的身上，并在必要时，给予对方适时而恰当的回应。他可以提出一些相应的问题，也可以给出一些简单的应答，如“是的”、“嗯”、“对”等，还可以用一些简单的肢体语言来表示他在专心地听，如微笑、点头、夸张一些的表情等。

孩子的配合与专注，会使他得到他人的信任、赏识、喜爱与尊重，有利于

他的人际交往。

边听边想，捕捉他人话里的有用信息

我们让孩子去认真倾听他人的讲话，不是要让他做样子，或是故意去讨好他人，而是要让他在他人的讲话中捕捉对他有用的信息，以达到学习和提高的目的。因此，我们要孩子学习倾听，不但要让他做到认真地听，更重要的是，要让他做到会听。

我们要提醒他，当听他人讲话时，最好边听边思考他人的话，用心记下其中的要点和对他有用的信息，并体会其中的意思，这样才是一个好听众，一个真正的倾听者。

为孩子创造有利于倾听的环境

倾听环境对孩子有很重要的影响，请设想，在一个嘈杂而混乱的环境中，孩子又怎能专心于倾听呢？所以，当我们与孩子交流时，或是他在家里通过听录音学习时……我们应该尽量给他提供一个舒适的倾听环境，而且尽量不要在孩子面前发生争吵，出现家庭纠纷等，这将有利于孩子集中精力进行倾听。

71 在倾听中学会察言观色

《论语·颜渊》中说：“夫达也者，质直而好义，察言而观色，虑以下人。”意思是说，真正通达的人，品质正直、懂礼义、善于观察别人讲话的脸色，常常思考应该如何谦恭待人。我们常说的“察言观色”正是由此而来，意思是说，观察别人的说话或脸色，用以揣摸别人的心意。而怎样做才能观察到别人的说话呢？答案很简单，就是倾听。

所以，在倾听他人说话时，注意对说话的人察言观色，认真思考和理解他说话的真正含义，也就能揣摩到他真正的心意，知道他在想什么、要做什么了。

而这种在倾听中察言观色的能力，正是孩子在与他人进行沟通和交流的过程中所必需的。有了这种能力，孩子就能通过交谈对象的语气、语义和脸色，更好地理解对方说话的意思，读懂对方的心声，从而作出恰当的应对。

此时，我们中有些妈妈可能会问："教孩子察言观色，不就成了教他'阿谀奉承'、'溜须拍马'了吗？"

其实，这是对"察言观色"一词的误解，因为历史上的许多奸臣都被后人定格为会察言观色的人，所以才导致这个词难以被人接受。其实，就"察言观色"一词本身来说，它并不是贬义词。而且，从现在社会的人际交往关系来看，那些善于倾听、会察言观色的人，往往会比没有这种能力的人拥有更多的成功机会。

因此，教孩子在倾听中学会察言观色，是提高他的沟通能力和言辞效果所必需的。

●帮孩子端正倾听的心态

对提高孩子言辞和表达力最有益的倾听，是他能带着学习的心态去倾听，这会使他得到更多有价值的东西，比如，如何表达才能让听者心情更愉悦；什么样的言辞会让人感到尴尬和不悦；怎样表达才能让他人更加理解自己；等等。

此外，孩子以学习的心态去倾听他人的讲说，会更认真仔细、更谦虚谨慎，而这会使他更用心观察讲话者的神态，体会对方的语气、语调，努力思考和理解对方的语义……

所以，我们要时常引导孩子，要以学习的心态去倾听他人的声音。

●让孩子带着问题去倾听

当孩子有了倾听的准备，并对即将倾听到的内容有所疑问时，他会在他人讲话的过程中，更加专注地去倾听，更加注意对方在神态、语音、语调等方面的变化。所以，我们要提醒孩子在倾听他人说话之前，要做好倾听的心理准备，并就将要倾听的内容提出疑问，然后带着问题去倾听。

比如，当孩子上课之前，我们就可以建议他先对课堂上老师要讲的知识进行预习，这样他的心中就会对不明白的地方有疑问，就可以在老师讲课时集中精力听讲，以解决他心中的疑问了。

●以视助听，领悟说话人的心声

要在倾听中做到察言观色，除了要认真仔细地听、用心地思考以外，还要注意说话人的肢体语言，比如，面部表情、眼神、手势等，这样才能及时跟上对方的思路，捕捉到他用肢体语言所表达出来的意思，也才能真正领悟到说话人的心声。

所以，我们可以告诉孩子，在倾听他人的讲话时，一定要以视助听，注意说话人的肢体动作，理解其中的含义。比如，当对方的眼神严厉、眉头紧锁时，说明他在生气；当对方的眼神温柔、面带微笑时，说明他的心情很好；当对方的眼神飘忽不定、面带紧张时，说明他心里“有鬼”，说的可能是假话……

以视助听，可以让孩子做到察言观色，在与人沟通时更胸有成竹，能灵活应对谈话中所出现的各种情况。

72 教孩子学会接打电话

李想正在家里做作业，这时客厅里的电话响了。他跑到客厅拿起电话说：

“喂，你找谁？”

电话里传来了一个阿姨的声音，说要找李想的妈妈，李想回答说：“我妈妈还没下班呢！现在就我自己在家！”说完，他不等对方再说什么，放下电话，就跑回房间做作业去了。

李想的这次通话出现了至少5个问题。一是他没有使用礼貌用语，如“您好”、“请问”、“再见”等；二是他没有说出自己是谁，也没有问清对方是谁；三是他没有问对方有什么事情；四是他将自己一个人在家的事情告诉了不认识的外人；五是没等对方说完话，他就挂断了电话。

李想在接电话时，所以会出现这么多的问题，说明他没有学过应该怎样正确而礼貌地接打电话。现在，电话作为重要的沟通工具几乎已经走进了每个家庭，甚至每个人的手上。应该如何接打电话，在接打电话时需要注意哪些礼仪等问题，不但是我们成年人应该学习和思考的，也是孩子应该重点学习和掌握的常识。否则，孩子就会犯与李想同样的错误。

一个人的言谈举止、修养水平是可以通过电话传播出去的。孩子学会正确而文明地接打电话，不但可以变得更加有礼貌，还可以使他自己的沟通能力有所提高，即使在电话里，他也能正常进行语言表达。

那么，我们如何才能教会孩子正确而文明地接打电话呢？

●将接打电话的注意事项告知孩子

（1）要正确而恰当地使用电话礼貌用语。比如，电话接通时，应该先说：“喂，您好！”要请对方替自己找人时，要说：“麻烦您，请帮我找……谢谢。”相反，当替对方找人接听电话时，应该说：“请您稍等一下。”当通话结束时，要说声“再见”。

（2）讲电话时，要做到吐字清晰、声音洪亮、语速适中、语言简洁、大方有理、有问有答、态度温和、语言亲切。避免出现大声吵嚷，讲话啰啰唆唆、含含糊糊、急躁不已，不听对方在说什么，只顾说自己的，或是电话还没讲完，就扔下话筒跑了等现象。

（3）在接电话时，应该先说“您好”，然后再问清对方找谁、是谁，然后再说自己是谁，如果对方有需要，可以代为转达；在打电话时，要先说出自己的名字，然后说清自己要找谁。

（4）不要边吃东西边打电话，也不要边和旁人边说话边打电话。

（5）要轻拿轻放电话，不要摔话筒，也不要乱按电话键。

（6）通话时间不宜过长，避免煲“电话粥”；打电话的时间不能太早或太晚，最好在早上8：00—晚上21：00之间，午餐和中午休息时不打电话，以免影响他人进餐或休息。

（7）通话结束时，等对方挂完电话后，再放下话筒。话筒没放下之前，不乱发牢骚，不批评对方，或说怪话，以免引起不必要的麻烦。

（8）不随便打各种功能电话，如“119”、“110”、“120”等；不打恶作剧电话和骚扰电话；不和他人争抢电话筒；在别人家不能随便打电话，有必要时先取得主人的同意后再打，通话时间越短越好；等等。

（9）打错了电话时，要说对不起，并礼貌地与对方确认电话号码；接到别人打错的电话时，要明确告知对方，他打错了。

（10）注意电话安全。与不认识的人通电话时，不要将家里的重要信息透露给对方，如家庭住址、家庭成员的情况等。

……

这些注意事项繁烦又难记，我们不妨让孩子在实际操作中自然而然地学会，而玩打电话的小游戏，不失为一个好方法。此外，我们平时在他正式打电话之前，可以建议他将要说的话的要点记在纸上，以防他因紧张忘记或漏掉要说的话。

教孩子使用公用电话的礼仪

打公用电话时，不能占用它聊天，也不能拿它出气；旁边还有别人在打电话时，要适当降低声音，不能打扰其他人的通话；在等待使用公用电话时，尽量远离正在通电话的人，不偷听他人的电话内容，不屡屡催促他人。

教孩子使用手机的礼仪

在教室、图书馆、会议室等公共场所使用手机时，应将手机改成静音或震动状态，如要通话，要到公共场所外面去接打。在一些特定情况下，还要记得关手机，如考试、听课、坐飞机时。在人多的地方，如餐厅、电梯等处，打手机的声音要小一些，通话尽量简短。

另外，不要设置怪异、恐怖的手机铃声，以免打扰、惊吓到周围的人；不发无聊、不健康的短信；不在骑车、过马路时打手机电话；等等。

73 教孩子掌握赞美的艺术

赞美是一门艺术，是协调人际关系的好方法，体现了赞美者对他人的尊重、信任与期望。适时而恰当的赞美，会给他人带来愉悦的心情，能激发起他对自己的信心，成为他前进的动力。所以，对于孩子来说，一旦他掌握了赞美他人的艺术，他也就有了与人沟通的法宝。

学会赞美他人，能让孩子赢得他人的好感。赞美是一种积极的情绪，孩子学会了赞美他人，也就学会了欣赏他人的优点，这会使孩子更受他人的欢迎。

会赞美他人，能使孩子看起来更有修养。会赞美他人的孩子，能以一种健康、成熟的心态去看待他人所取得的成就与成绩，所以往往显得有智慧、乐观、豁达，而这正是有修养的表现。

此外，孩子掌握了赞美的艺术，就能说出暖人心的话，能说到他人的心坎里去，所以，学会适时而恰当地赞美他人，不但能使孩子有个好人缘，还可以提高他的言辞水平和表达力。

但是，如果孩子不知道如何去赞美他人，不懂得赞美中的奥秘，就可能会在不适合的时间说出不恰当的赞美，使他人心里不舒服，或引起他人的误解，有时还会造成尴尬的局面。

因此，我们应该教孩子学会赞美他人的方法与技巧。

●赞美他人要诚恳，要发自内心

虽然人人都爱听赞美的话，但并不是所有的赞美都能让人照单全收，只有那些符合事实、发自内心、情真意切的赞美，才会让人感动和愉快。相反，那些毫无根据、虚情假意的赞美，只会让人觉得莫名其妙、虚伪狡诈。所以，我们要告诫孩子，赞美他人要真心实意，有感而发，不要言不由衷。否则，只会适得其反。

●赞美的内容要具体，且对事不对人

一天，小可的妈妈带她到朋友林阿姨家里去玩。林阿姨特别会做菜，准备了一大桌子好吃的来招待她们母女俩。小可吃完饭后，笑眯眯地对林阿姨说：“阿姨，你真好！”

小可突如其来的一句赞美让林阿姨愣了一下，然后她开玩笑地问小可：“我比你妈妈还好吗？”没想到小可居然点了点头。

妈妈在一旁听了，心里可是不大舒服，她问道：“林阿姨怎么好了？”小可回答说：“她做的菜好吃！”

妈妈和林阿姨这才弄明白，原来小可要赞美的是林阿姨做的菜，并不是林阿姨本身。

许多孩子都会出现与小可一样的情况，赞美别人的话说得太笼统、太表面化，以至于让听者产生了歧义或误会。

可见，在我们教孩子怎样去赞美他人时，一定要让他抓住他人的优点和长处，言辞具体而翔实地去赞美对方，而且要注意，只对事情本身加以评价，最好不评价人，以免评价失当而引起误会。

●赞美要因人而异，切合时宜

赞美他人，要因人而异，突出其个性。比如，当被赞美者是一位女孩子时，

我们可以教孩子赞美她温柔可人、端庄有气质、善解人意；当对方是一位男孩子时，我们可以教孩子赞美他头脑灵活、落落大方、有责任感……当然，这些赞美一定要符合实际情况。

此外，孩子的赞美切合时宜，才能达到锦上添花、雪中送炭的好效果。因此当孩子要去赞美他人时，我们一定要教他看场合、看时机。比如，当他一直考第一的好朋友，考了班第二名时，他就不能再去赞美对方考得好了。而如果他的朋友一直学习不好，但经过努力却小有进步时，他就可以去赞美对方的努力了。

●直接而简单的赞美方式，更适合孩子

孩子天真而单纯，思想也比较简单，太复杂、太委婉的赞美方式并不适合他，也不可行，而简单、直接的赞美方式，才是最适合孩子的。所以，在孩子要去赞美他人时，我们可以建议他采用明确、具体、直接的言辞去称赞对方。

比如，“你的作文写得真好，我要是能写出这么棒的作文多好呀！”比“今天老师夸你作文写得好，我真替你高兴，什么时候我也能写出这样的作文来就好了！”更符合孩子说话的语气和习惯，也更适合他的年龄和身份。

74 教孩子学会道歉的方法

晓军放学后对前来接他的妈妈说：“妈妈，我今天和坐在我后面的小伟吵架了，老师批评了我！”

妈妈问道：“为什么？”

晓军回答说："下课时，我不小心踩了他一脚，他不高兴了，我们俩就吵起来了。"

妈妈问道："你没有向他道歉吗？"

晓军回答说："我道歉了，可他还是很生气。"

妈妈又问："那你怎么道的歉呀？"

晓军说："我就说'对不起！下次你把脚往回收着点吧！省着我经过时绊着我！"

晓军的道歉并不真诚，言外之意有责怪对方的意思，让人听起来心里很不舒服，当然也就得不到同学的谅解了。

道歉是一门学问，也要讲究方法，道歉做得好，能使他人原谅自己的不慎或过失，但如果做得不好，不但不能冰释前嫌，还会让人觉得是在火上浇油，使对方越来越生气，情况也会越来越糟糕。

在孩子的日常交往中，如果他对别人有了失礼之处，打扰、麻烦、妨碍到了别人，或是给别人造成了伤害和损失，最直接、最及时的补救方法就是及时而诚恳地向对方道歉，以争取对方的谅解，维护好彼此之间的关系。

所以，我们有必要教孩子学会一些道歉的方法，以避免他在有了疏忽和过失之后，变得言语无措，或是因为道歉不当，而激化了与对方的矛盾，使彼此关系恶化。

●面对现实，真心实意地及时表示歉意

道歉并不是有损于自尊的事情，相反，它是一个人襟怀坦荡、明白事理、有责任感的表现。所以，当孩子需要向别人道歉时，没必要遮遮掩掩、躲躲藏藏、支支吾吾，而是应该勇于面对现实情况，真心实意地向对方表示歉意，这样才有取得对方谅解的可能。

此外，我们要提醒孩子，当他意识到自己做了对不起别人的事情时，最好尽快去向对方道歉，否则，拖得越久，就越会让别人心里不舒服或者生气，还有可能会使人产生不必要的误解。而且，及时、真诚的道歉，可以平缓紧张的气氛，避免双方进一步发生冲突。

●注意道歉用语和方式

当孩子向人道歉时，一定要注意使用文明规范的道歉用语和恰当的方式方法，这样既可以达到道歉的目的，又可以免去一些尴尬的局面。

比如，如果是因一点小事而引起别人的不快时，可以面带愧意地及时向对方说，“对不起，失礼了”、“不好意思，打扰了”、“请多包涵”等；因自身比较严重的问题而引得对方生气时，可以向对方微微欠身，并真诚地说，“非常惭愧，请您原谅”、“深感愧疚，请您海涵”、“是我的过错，我太冲动了”……

有时，在双方发生矛盾后，如果感到自己有错，可以主动向对方打声招呼，或是主动邀请对方与自己一起参加一些娱乐项目，如果感觉不便直接道歉，还可以通过字条、短信、第三者传话等方式，来间接地向对方表示自己的歉意，以争取缓和双方的关系。

●说明原因，承认过失，勇于负责

我们在教孩子学习道歉的方法时，要告诉他，当他的过失已经造成了不好的局面时，不要逃避，而是要坦率地向对方承认过失，并真诚地道歉。当对方的情绪稍稍平缓之后，要说明自己什么地方做得不好、发生过失的主要原因、自己的难处等，并表示愿意对过失的结果负责。这样，在一般情况下，对方是会谅解孩子的。

●不卑不亢，得体大方

孩子在向他人道歉时，最好表现得不卑不亢、得体大方，在措辞上也不要过分地贬低自己，比如“我就是个傻瓜”、“我真不是东西”等这样的话最好不要说出口。因为这样的话有赌气的成分在里面，会使孩子的道歉话听起来并不真诚，而且还可能会引起对方对他的轻视，进而让孩子的自尊心有受到伤害的可能。

75 教孩子学会向他人求助

一天上课时，老师要求同学们完成一些课堂作业，当所有的同学都低头认真写作业时，只有小宇抬着头东张西望。

老师走过来问道：“小宇，你怎么不写作业呀？”小宇回答说：“我的铅笔没铅了，昨天妈妈忘记买了，我没法写。”老师说：“那你向同学借一支先用着呀！”小宇回答道：“那要怎么借呀？我不知道向谁借，也不知道怎么说。”

听了小宇的话，老师不禁皱起了眉。

现在很多孩子都向小宇一样，不会向他人寻求帮助，遇到困难时，不是自己硬扛、钻牛角尖，就是置之不理、绕道走。

然而，人类是属于社会性的群居动物，彼此之间互通有无、相互帮助是再普通不过的事情。如果孩子不会向他人求助，不懂在求助时应该说些什么话，那他在很多时候是做不好要做的事情的,尤其是当他需要别人的帮助与合作时。

所以，我们有必要教孩子学会向他人求助的方法，以便使他能将自己所遇到的困难向他人表达出来，并在他人的帮助下，将困难解决掉。

我们可以分析孩子不会向他人求助的原因，并对他进行专门的培养。

第一，长期的溺爱和包办代替，导致孩子不会向人求助。

有些妈妈对孩子事必躬亲，唯恐累着、委屈着他，孩子在这种溺爱和包办代替的环境中长大，根本没有要去向他人寻求帮助的必要，也没有这样做的机会，更不会有这方面的意识和经验了。等到他真的需要帮助时，他当然也就不知道应该怎样做了。

对于这种情况，我们要先从改变我们自身的做法做起，不必再对孩子的事情大包大揽，尽量让他自己去做事，并鼓励他在遇到困难时主动向我们或其他人寻求帮助。

第二，自尊心太强、过于自负，让孩子不愿向人求助。

现在的孩子大多是独生子女，都是家人哄着、捧着长大的，所以自视甚高，有很强的自尊心，又过于自负。这使得他即使遇到困难，也不会承认自己“无能”，更不愿放低姿态向他人求助。

对于这样的孩子，我们可以适当地让他经历一些挫折，让他能正视自己的不足和缺点，并教他懂得“人外有人、山外有山”、“强中更有强中手”的道理，这样他才能坦诚而虚心地向他人求助。

第三，戒备心太强、不信任他人，使孩子不肯向人求助。

有些孩子不向他人求助，是因为他的戒备心太强，无法信任他人。

在当今社会，孩子必要的戒备心还是要有的，但要有区分，不能将所有人都“一棒子打死”，对他人的基本信任还是要有的。因为，我们不可能，也不能让孩子永远生活在他自己的心防之中，那样做孩子就太孤独，也太无助了。

所以，我们要告诉孩子，在他感觉无助时，还是要给予身边的人必要的信任，向他们寻求必要的帮助。

第四，在向人求助时，不知道应该怎样说。

孩子没有向他人求助的经验，不知道在求助时应该说些什么话，也会导致他张不开口向他人求助。

为此，我们可以从鼓励孩子向家人或亲戚朋友寻求帮助开始，有意识地多给他些锻炼的机会，并教他怎样去说。

比如，当他有拿不动、够不着的东西时，我们可以建议他去请爸爸或叔叔来帮忙，并叮嘱他不要忘记说“请”和“谢谢”；我们还可以请他帮忙去邻居家借东西，并提醒他将借东西的原因向对方说清楚，并告诉对方会尽快归还；当他忘记老师留了什么家庭作业时，我们可以让他礼貌地向同学去寻求帮助……孩子有了求助的经验以后，下次自然就知道应该怎样做了。

此外，孩子求助时所使用的语气很重要，如果他语气生硬、趾高气扬，一副命令他人的样子，人家是不会理他的。即使有些熟人碍于情面帮了他一回，下次也不会再情愿帮他了。但如果他低声下气、可怜兮兮地去求人，就有可能会让人低看他。

所以，我们要提醒孩子，求助时要讲文明、懂礼貌，称呼人要使用敬语，态度要诚恳，而且要大大方方、不卑不亢，这样才能让人会心甘情愿地去帮助他。

76 孩子说话也要分场合、看时机

俗话说："到什么山唱什么歌，见什么人说什么话。"意思就是要引导人们说话要分场合、看时机和对象，随机应变，不胡乱说话，以免在不恰当的场合说出不恰当的话。

至圣先师孔子也曾说过："侍于君子有三愆：言未及之而言谓之躁；言及之而不言谓之隐；未见颜色而言谓之瞽。"意思是说，陪君子说话容易有三种失误，一是还不该自己说话时却抢先说了，这是急躁；二是应该自己说话时却不说了，这是隐瞒；不看君子的脸色就贸然说话，这是睁眼瞎。"

孔子在两千多年前所指出的这三个说话的毛病，至今仍在我们身上印证着。不管是抢话、藏话，还是只顾自己说得痛快，都是没有涵养、不懂礼貌、不会正确表达自己的表现。可见，看清场合、把握好时机再说话，从古至今都是放之四海而皆准的真理。

孩子也不例外，说话时也要遵循这个真理，要分清场合、看准时机再说话。如果他不分场合、不懂进退、随心所欲地信口开河，想到哪就说到哪的话，就会被人看成是不会说话、没有眼力劲儿的孩子。这不但不利于孩子沟通能力和表达力的提高，也不利于他的人际关系的发展。

作文课上，老师表扬范芳芳的作文写得好，让她上台读一下，让大家学习学习。可在她读的过程中，台下总是有两名同学小声音嘀咕，这让范芳芳读不下去了，老师也很生气。

下课时，老师将那两名同学叫出了教室，问他们为什么说话，他们说是在讨论范芳芳的作文，可老师还是批评了他们。

这两名同学讨论问题本身虽然没有错，可他们错在在不恰当的时机和场合进行了讨论，干扰了同学的阅读，也让老师很生气，自己还挨了批评，真是得不偿失。其实，他们可以在同学念完作文后，或是在下课时再去讨论，结果就不会是这样的了。所以，为了避免我们的孩子成为让人讨厌的人，我们还是很有必要教孩子学会分场合、看准时机再说话。

那么，我们应该怎样做呢？

●教孩子观察说话时所处的客观环境

当孩子注意到了他所处的地点、时间、场合等客观条件时，他会在内心中对自己要说的话做下考量，就不会毫无顾忌地信口开河了。所以，我们平时可以提醒孩子，在人前开口说话时，一定要先观察一下周围的情况。

比如，当我们送孩子上学时，可以对他说："孩子，上课是件严肃的事情，而且同学们都在听课，所以没有老师的允许，不能随便说话的，你要记住呀！"当我们带孩子去一些较安静的公共场所时，可以对他说："孩子你看，这里多安静呀！我们可不能大声喧哗呀！否则，会影响别人的。"

此外，如果是在非正式场合下，比如，在家里与我们闲聊时，在与小朋友玩耍时……我们就不必要求孩子太多了，可以让他畅所欲言、谈笑风生，但要注意不能让他说脏话、不文明的话。

当孩子养成这方面的好习惯时，他自然就会分清场合再说话了。

●提醒孩子认清说话对象的身份

孩子说话时，我们还要提醒他认清说话对象的身份，避免他在长辈面前失了分寸。比如，对老师和长辈们说话时，他要恭敬，不顶撞对方，并认真倾听对方的教诲；跟同学说话时，态度要谦和，不在言语上争强好胜；与外人说话时，要使用文明礼貌用语；等等。

总之，孩子如果能认清并重视说话对象的身份，就能做到分场合、看时机说话了。

●教孩子观察说话对象的情绪变化

注意观察说话对象的情绪变化，对于孩子是否能恰当地表达自己，是否能说出得体的言辞有很大影响。

比如，当说话对象生气时，就不能再火上浇油了，而是应该先顺着对方说，当他的情绪平缓之后，再说出自己的真心话；当说话对象悲伤时，就不能再说伤人心的话了，而是应该说些逗趣的话，或是安慰对方的话；当说话对象兴致高、情绪好时，可以让对方多说一些，并分享他的好心情，跟他说些愉快的事。

77 犯了错误，要孩子勇敢承认

《左传》中说：“人非圣贤，孰能无过！过而能改，善莫大焉。”意思是说，谁都不是圣人或贤人，怎么能不犯错误呢？但是，犯了错误而能改正，没有比这更好的事情了。

的确是这样，犯错误并不可怕，可怕的是犯了错却不自知，或是明知自己错了，却不敢承认、不肯改正，一错再错。我们成年人是这样，孩子更是如此，而且，不会认错，不知道怎样表达自己的错误，也是孩子不善于言辞的一种表现。

孩子的成长过程，其实就是一个不断犯错、不断认错、不断改错的过程。在这个过程中，他学会了真知，明白了道理，并逐渐成熟起来，成长为令我们骄傲和自豪的好孩子。

但是，在生活中，有些孩子却不明白这样的道理，在犯了错后，不是躲躲藏藏、想尽办法回避问题，就是明明知道做错了事，却摆出一副死不认错的样子，令我们心火直冒。那么，孩子为什么会出现这样的情况，为什么不能将心中所想真诚地向我们表达出来呢？归根结底，其实责任还是在我们身上。

请回想一下，孩子以前犯错时，我们是否用平常心对待他了呢？是否用耐心的指导代替了无用的责骂了呢？是否以鼓励和信任的姿态替换了满脸的失望呢？如果答案是否定的，那么孩子现在犯错不肯承认，是非常正常的反应，因为他害怕我们的责骂和惩罚，害怕看到我们对他失望的神情，更害怕他所犯的错误无法挽回。

基于以上的原因，请多作一些思考，我们要怎样做，孩子才能在犯了错后勇于承认，并能向我们表达出他真正的心声呢？

●用巧妙的暗示和耐心的诱导代替斥责或打骂

最近，晶晶总是想买那个印有小熊维尼的文具盒，可是妈妈说她已经有两个文具盒了，没有同意给她买。

一天晚上，晶晶看到妈妈在门口的鞋柜上放了50元钱，她突然意识到，她可以去买那个喜爱的文具盒了。

第二天晚上，妈妈问晶晶看没看到鞋柜上的钱，晶晶下意识地说“没有”，但当妈妈看到晶晶从书包里拿出来的新文具盒时，她什么都明白了。不过，她什么也没说。只是从那天起，她每天晚上在晶晶上床睡觉前，都会给她讲一个诚实守信的小故事。

晶晶在这些小故事的启发下，为自己偷钱和撒谎的行为感到自责。这天，当妈妈讲完故事，摸着她的头跟她说“晚安”时，她终于向妈妈承认了错误，并请求妈妈的原谅。

妈妈欣慰地笑着说：“你知错能改，就是我的好孩子。”

听了妈妈的话，晶晶带着微笑进入了梦乡。

这位妈妈很有智慧，用小故事暗示了孩子的错误，并诱导孩子对自己所犯的错进行了反省。她的耐心和真挚的关爱打动和保护了孩子幼小的心灵，让她从内心深处认识到了自己的错误，并最终作出了令人欣慰的选择——勇敢地承认错误。

其实，在每个孩子的心中都有一杆秤，它能使孩子知轻重、懂对错，有自觉的可能性。但是，如果我们以强硬的态度去干涉孩子内心的平衡，用斥责和打骂损害他的自觉性，那么，他永远也不能自觉而勇敢地承认错误，只会越来越叛逆，不肯再轻易向我们表达他心中的不安和悔意。

●鼓励犯了错的孩子，并信任他

孩子向我们承认了错误后，我们的鼓励和信任是对他的一种安慰，也是一种激励，能让他有勇气去面对和改正自己所犯的错，并且可以让他明白，他向我们承认错误是正确的选择。

所以，当孩子终于鼓起勇气向我们说出了他所犯的错时，尽管我们可能一时难以接受，但请不要在他面前露出不可置信或是失望的神情来，因为那很可能打击到孩子，使他后悔自己作出的选择，并且很可能会在以后犯错后，不肯再向我们主动承认了。

●让孩子明白犯错是可以改正的

有些孩子犯了错不肯承认，是因为他担心自己造成的错误无法挽回。这时，我们不能一味地去指责、惩罚孩子，否则只会让他更加退缩。

我们可以帮他分析一下眼前的情况，让他知道利与弊，并可以暗示他一些改正错误的方法，让他明白，他所犯下的错误是可以改正或补救的。这样，他就会重新审视自己的错误，并有勇气向我们承认错误了。

78 孩子一定要学会礼貌用语

人与人之间的沟通一般都是从谈话开始的，谈话看起来虽然很平常，但其中却有很大的学问，而且还有很多需要人们去遵守的礼仪。在交谈中，一个人是否善于言辞，不是看他是否说了多少话，而是看他是否能说出适时的、恰当的、有理的话，而其中的关键之一，就是他是否会使用礼貌用语。

在日常生活中，尤其是在社交场合中，礼貌用语不仅能使现场的气氛变得融洽，让人们的关系变得更和谐，而且是个人修养程度的表现，也是对他人的一种尊重。

孩子会使用礼貌用语，就能得到他人的喜爱和欢迎，使他拥有更好的人际关系，从而增进他与朋友的友谊，加强他与同学的团结，进而使他更好地学习和生活，并从中享受到温暖和快乐。

晓燕虽然长相一般、学习成绩也一般，但周围的人都很喜欢她，这让晓燕的朋友兼邻居苗苗非常嫉妒。

一天，苗苗忍不住问妈妈："妈妈，晓燕没我漂亮，学习也没我好，可为什么她比我更招人喜欢呢？"

妈妈认真地想了想，然后笑着说："每个孩子都有令人喜爱的地方，我觉得晓燕最让人喜欢的地方就是她特别懂礼貌！她每次说起话来都彬彬有礼的，听着就让人舒服。"

苗苗自从听了妈妈的话，开始留心晓燕的言行，她发现，晓燕常说"您好"、"谢谢"、"请"等这样的礼貌用语。后来，周围的人发觉，苗苗说话也越来越有礼貌了。

礼貌用语有一种无形的魅力和感染力，当人们说礼貌用语、听礼貌用语时，心情就会不自觉地变得很好。晓燕就是因经常说礼貌用语而受到周围人的喜爱，而苗苗受到感染后，也向她学习，从而让自己变得有礼貌了。

可见，礼貌用语是建立良好人际关系的基石。因此，我们要帮助孩子学会正解而恰当地使用礼貌用语，以便使他能够更顺利地与人沟通和交往，并提高他的言辞表达能力。

●让孩子从我们身上学会使用礼貌用语

孩子的言行习惯来自周围人对他的影响，而我们是其中起着最关键作用的人物。所以，我们平时一定要注意自身的文化修养和言行举止，与他人说话时要注意使用礼貌用语，尤其是与老人、长辈、领导讲话时更要多使用一些敬语，如“您”、“请”、“您老”等。即使是与平辈的人讲话，也要注意使用一些谦辞，如“劳驾”、“令尊”、“赐教”等。这样，孩子就能将礼貌用语视为理所应当，就能懂得与不同身份的人说话，要用不同的礼貌用语。

●对孩子进行礼貌用语的强化训练

为了让孩子更好地学习礼貌用语，我们可以对他进行一些特殊的强化训练，比如，在家里举办礼貌用语周、礼貌用语月、礼貌用语知识问答比赛等。当然，为了激励孩子，在这些活动中我们要有奖、有罚，但最好少用一些物质奖励，也不要用金钱奖励，而是多用一些精神鼓励，也可以用小红花、图案卡片、趣味贴纸、一本好书等这些东西来作为奖品。

●帮助孩子将礼貌用语融入日常生活之中

我们让孩子学习礼貌用语的最终目的，是要让他将之应用到日常生活中，所以，我们平时要在生活中帮助和督促他使用礼貌用语，为此，我们的态度有时有必要坚决一些。

比如，当孩子对我们说“我渴了，给我榨一杯果汁喝吧”时，我们可以对他说："孩子，你这样说话，妈妈可是不太爱听呀！你应该怎样向妈妈提出请求呢？说对了，妈妈再去给你榨果汁。"而当他对我们说："妈妈，我渴了，请您给我榨一杯果汁喝吧！"我们可以用微笑和肯定的答复来表示对他的赞许与鼓励。

●及时制止和纠正孩子讲脏话的行为

当发觉孩子有讲脏话的行为时，我们应该及时制止他，但请不要斥责他，因为他很可能根本就不懂这些脏话的意义，不明白讲这些脏话可能会带来的后果，只是受了周围人不良的影响。

因此，我们不妨明确地告诉他，这些脏话是不好、不文明的话，别人听了会不舒服，会产生反感。此外，我们应尽量带孩子远离或教导他主动远离那些可能会带给他不良影响的人或者环境，以净化他的视听，养成讲文明、懂礼貌的好习惯。

79 教孩子学会说"不"

世上有一种人，他永远不会向别人说"不"，于是，人们误认为他什么事情都能做，什么忙都愿意帮，但其实，他往往是力不从心、"打肿脸充胖子"。

乐于助人、对需要帮助的人伸出热情之手，这都是好事，可关键是这些事情最好都是自己力所能及的，否则，不但耽误了别人的事情，还会让别人失望，而自己则是费了很大的劲，却一点好处也捞不到，还要被别人埋怨。这样久而久之，自己不但有了很沉重的思想包袱，还很可能会被人嘲笑、瞧不起。

所以，当孩子与他人交往时，我们有必要教他学会说“不”。

可是，拒绝他人是一件很不容易的事情，言辞要委婉，否则，在拒绝的同时，很可能会伤害到对方的情感，进而有可能会破坏掉彼此之间原本良好的关系。

考试时，田义的好朋友正好坐在他的旁边。这位好朋友平时不认真学习，考试时却伺机捅咕田义，想让他将试卷往他那边放一放，以便让他能抄上几道题。这让田义不能全心全意地答试卷了。

第一个科目考完后，在课间休息时，当好朋友凑过来正式提出要让他在考试期间帮忙时，田义很大声、很直白、很不耐烦地对他说了声：“不要！”然后跑走了。

于是，期末考试结束了，他们之间的友谊也结束了。

虽然这位好朋友的行为和要求都不对，但是作为朋友，田义的拒绝和态度也有点伤人，最终导致了二人的关系破裂。其实，田义可以有更好的拒绝方法来解决这样的问题。

比如，他可以对好朋友说：“考试打小抄是不对的，万一被老师发现了，咱俩都得挨批评。再说，咱们这样做，要是被别的同学发现了，影响也不好呀！这次考试你要是考不好，别怕！咱们下次再努力呗！大不了我每天都陪着你学还不行吗？”如果田义能这样拒绝朋友，相信他们之间的友谊会继续发展下去。

那么，我们怎样做，才能教孩子学会像上述那样委婉地去向他人说“不”呢？

●告诉孩子，以合理的理由拒绝他人

当孩子无法或者不愿意答应别人的请求或要求时，我们可以建议他在拒绝对方的同时，最好要明确、清楚地向对方说明自己拒绝的理由，或者不能答应他的苦衷。通常情况下，对方会理解这些合理的理由和客观存在的苦衷的，他会自动放弃对孩子的要求或请求，并且会谅解他的拒绝，不会责怪他。

●提醒孩子，不要在情绪不佳时故意去拒绝人

我们要提醒孩子，在他情绪不佳时，如愤怒、生气、委屈等，不要草率地立刻拒绝他人，因为，此时他的思维并不正常，而且很可能注意力根本就没有

放在别人所提出来的要求或请求上，难免会有疏忽和想不到的地方。

所以，孩子此时最好选择拖延拒绝的方法，告诉对方，一会儿或者过一段时间再来答复他的请求或要求，等他的情绪平静下来后，再来认真想一想要不要向对方说“不”。

●语气委婉地向对方说“不”

有时候，孩子所面临的、做不到的要求是来自长辈、老师的，此时如果他的拒绝太生硬，就会显得很不礼貌。所以，他此时的拒绝语气一定要委婉，并要尽量显示出他对对方的敬意。

比如，当孩子拒绝老师要让他当班长的要求时，他可以这样说：“老师，我知道您给我这样的机会是对我好，我也很希望自己能胜任班长这一职位，但是以我现在的水平，可能还无法帮您管理好班级事务，请您再考虑一下吧！”这样，他就可以礼貌地婉拒老师的要求了。

●教孩子替对方着想，帮对方想办法

当他人向孩子提出了请求时，可能确实有事情需要孩子去帮忙，他的拒绝很可能会给对方造成困扰，甚至使对方陷入困境之中。

所以，要尽量让孩子替对方着想一下，他自己做不了或没有能力做到的事情，可以尽可能地、真诚地去帮助对方找出路、想方法，没准问题最终还是通过孩子的帮助解决了呢！而且，即使真的帮不了对方，对方也会感激孩子，并会因此而尊重他。

80 培养孩子的幽默能力

日本著名心理学家多湖辉将幽默称为“语言的酵母”，是的，幽默会使言辞丰富多彩，并且更加具有感染力。在社会生活中，大多数人都非常喜欢与具有幽默感的人在一起，因为这会给快节奏的工作、备感压力的生活带来难得的轻松和快乐。

一个人的幽默能力，在很大程度上代表了他的学识、才华、智慧和风度。孩子如果懂幽默，当他适时地在人前展现他的幽默细胞时，也就将自己的良好素养传递给了他人，他会因此而显得更加活泼可爱、善于言辞，从而有助于他赢得他人的认同和赞赏，进而拥有更加融洽的人际关系。

此外，幽默还会帮助孩子化解他所遇到的矛盾和冲突，缓解他的心理压力，打破事情的僵局，使他更加积极乐观。

那么，我们应该怎样去培养孩子的幽默能力呢？

●教孩子掌握一些幽默的技巧和方法

我们要想让孩子能自如地表现幽默，就有必要教他学会一些能使言语变得幽默起来的技巧和方法。下面介绍一些常用的幽默方法和技巧：

（1）运用对比的方法制造幽默。比如，“我在学习上什么功夫都用了，除了认真和勤奋。”

（2）以歇后语引人发笑。比如，“钢丝穿豆腐——别提了。”

（3）巧妙地夸张，也可以收到幽默的效果。比如，在一段相声中有这样一句话：“好家伙，那月饼硬得一摔马路可以砸出俩大坑！”

（4）使用反语来幽默。比如，“朋友，你最近没少吃吧？看起来可是越来越苗条了！”

（5）用形象的比喻表达幽默。比如，《小二黑结婚》里说三仙姑的一句话，“只可惜宫粉涂不平脸上的皱纹，看起来好像驴粪蛋上下了霜。”

……

可以使言语幽默起来的方法还有很多，如反复、移植、倒置、双关、矛盾等，这些都有助于使孩子的言辞变得幽默起来。

此外，我们仅仅让孩子知道一些幽默的技巧和方法还不够，因为他头脑中可以用来幽默的素材，主要还是来自生活和学习中的点点滴滴。

所以，我们要提醒孩子，他平时要注意听（听他人的幽默）、留心看（观察生活）、多读书（可以适当读点内容健康的幽默笑话书）……用丰富的知识、人生经验、幽默笑料来武装自己，这样他才能真实而自然地表达幽默。

●以幽默营造轻松、愉快的家庭氛围

我们平时能以乐观、幽默的态度面对生活，并营造出轻松、愉快的家庭氛围，则有利于孩子的幽默能力的形成。

比如，当我们劳累了一天后，可以对孩子说：“‘开心果’，妈妈快要累趴下了！给妈妈讲个笑话听一听吧！”当孩子不好好吃饭时，我们可以对他说：“孩子，不好好吃饭，你就会变得又瘦又小，到时候一阵风刮来，就能把你吹跑！”

总之，当我们用幽默减少了生活中的辛酸和不快时，当我们尽力营造和谐、愉快的家庭氛围时，孩子也就自然而然地学会了幽默。

此外，幽默还是一种行之有效的家教手段，可以感染孩子的心灵，使他变得更善解人意、活泼开朗。比如，当孩子因一点小事而哭泣时，我们可以边安抚他，边对他说：“宝贝别哭了，再哭，你的脸就成小花猫了！”当孩子在家中过分吵闹时，我们可以对他说：“孩子，小点声吧！天花板都快被你吵掉下来了！”

我们的诙谐与幽默，可以使家庭更和谐、融洽，也可以让孩子在身心快乐

成长的同时学会幽默。

帮孩子开发他自身的幽默细胞

我们平时可以多给孩子读一些幽默小故事、机智小故事、脑筋急转弯和著名幽默文学大师们的作品等，以训练孩子思维的敏捷性，丰富他的幽默词汇，帮助他开发出自身的幽默细胞。

除此以外，在孩子说出了一些有趣的笑话，或者是做出了一些滑稽的动作时，我们一定要“捧场”，不要吝啬我们的笑声，以鼓励孩子能将他的幽默继续表达出来。

不要让孩子的幽默陷入低级趣味之中

现在，有许多廉价的、不文明的低级笑话充斥各种媒体，这些倒人胃口之作对孩子幽默能力的培养一点好处都没有，而且还会误导孩子。因此，我们应该提醒孩子要对它们敬而远之，坚决抵制这类低级笑话对他的侵害，净化他的视听，避免他的幽默陷入低级趣味之中。

81 开玩笑一定要有原则

幽默的人常会受到人们的喜爱与欢迎，因为他总有办法活跃气氛，让人心情变好。可是，一旦幽默过了度，玩笑开得过了头，很可能会适得其反，甚至会伤害他人。

一天下课时，三年级1班的教室里传来了一阵吵闹声。原来，有两个男孩在教室的地上扭打了起来。

当老师赶来向他们问起打架的原因时，其中个矮的男孩指着另外一个男孩说：“他骂我！”另一个男孩听后，理直气壮地反驳道：“我没有骂他，我只是在和他开玩笑！”

老师问说自己开玩笑的男孩：“你开玩笑时说了什么？”男孩回答说：“我就说他真矮，像个小土豆！”那名个矮的男孩马上气愤地说：“老师，你听他骂我是土豆！”

两个男孩的矛盾来自一个不大适合的玩笑。个子矮，很明显的是其中一个男孩的心病，可另一个男孩却在开玩笑时触碰了他的这块心病，他当然要有所反抗了。

可见，玩笑是不能随便开的，一定要有分寸、把握好尺度，不能以幽默为名，肆无忌惮地开他人的玩笑。因此，我们有必要让孩子了解一些开玩笑时要遵守的原则，以免由于他玩笑开得不当，而使他人对他生厌，甚至引起双方的矛盾。

●开玩笑时态度要友善

开玩笑，是人们交流和传递感情的一种手段，在这个过程中，不论是谁，都应该遵循与人为善的原则，都不能借玩笑而对他人进行冷嘲热讽、发泄不满，否则，玩笑将变成讽刺和挖苦，令人难以接受。

所以，当孩子与他人开玩笑时，态度一定要友善，不要想着在有意无意间用话去刺伤他人，更不能心存侥幸，以为人家可能听不出他话中的含义，随意地取笑他人。这只会让人逐渐疏远他，不愿意再与他沟通、交往。

●玩笑的内容要力求高雅

玩笑的内容清新健康、格调高雅、集趣味性、思想性和知识性于一体，才能让人得到精神上的启迪和享受，达到良好的幽默效果。

因此，我们要提醒孩子，与人开玩笑时不能去揭对方的“伤疤”，也不要捕风捉影、以假乱真，说些与事实不相符，或是还没有确定的事情，更不可以讲思想不健康的低级笑话等。

●开玩笑时要看清场合

在一些较为严肃的公共场所里，如果孩子总是说说笑笑的，很容易给人留下不礼貌、不懂事或是很轻浮的印象。这说明，玩笑并不是随时随地都能开的，即使是孩子的玩笑，也要看清场合、揣度好气氛，在不能开玩笑的场所和情况下，一定要控制好自己，以免打扰他人，或使自己陷入尴尬之中。

比如，在他人集中精力学习或工作时，孩子的玩笑会打搅他人，使对方无法再专心致志地学习或工作了；处于有悲伤气氛的场合里，孩子也不能开玩笑，那会引起不必要的误会；在一些比较庄重、重大的活动中，孩子更不可以轻易地与他人开玩笑、嬉戏，否则，不但会破坏活动的纪律性和秩序性，还会让人觉得没有得到孩子应有的尊重。

●要区分开玩笑的对象

人们对玩笑的承受力，受身份、性格、心情等因素的影响，所以，当孩子与他人开玩笑时，一定要对开玩笑的对象有所区分，不能莽莽撞撞地见谁都开玩笑。

比如，在长辈、老师和不熟悉的人面前，孩子就不宜开玩笑或是嘻嘻哈哈的，否则，就是对对方的不尊重，会使对方心生反感，最好的做法还是有话要好好说；当对方是性格内向、心胸狭窄的人时，孩子也不能开玩笑，否则很可能会引起不必要的误会；当对方情绪不好时，孩子开玩笑也需要谨慎，不能做火上浇油、落井下石的事情……

当孩子的玩笑开得自然而恰当、无伤大雅之时，他的幽默和诙谐就可以被人所接受和欢迎了。

82 教孩子善于运用肢体语言

在人们的沟通与交流中，有声的语言固然很重要，但无声的体态和举止动作，如身姿、手势、眼神、面部表情、四肢动作等肢体语言，也是不可缺少的一种言辞表达方式。著名教育家陶行知就曾说过："演讲如能使聋子看得懂，则演讲之技精矣。"可见肢体语言在传神达意中起着极其重要的作用。

对于孩子来说，肢体语言是他与外界进行沟通的重要手段，与他的口头语言互为补充。有时候，作为一种必需的言辞表达方式，肢体语言能帮助孩子更好地表达心中所想。

一天放学后，小舟紧绷着脸、一言不发地回了家，而且进门就开始摔摔打打的。妈妈看他不对劲，连声问他怎么了，他就是不说话。吃完晚饭后，小舟的情绪才稍好一些。当妈妈问他今天在学校是否遇到了不开心的事情时，他回答说："我今天和果果闹别扭了，我们和对手打乒乓球时，他总是看不明白我给他的眼神和手势，结果没配合好，输给了对方好多分。妈妈您说，他怎么那么笨呀！"

妈妈笑着说："这可不能光怪果果，配合是两个人的事情，你们事先就应该沟通好要使用的'暗语'。再说，你敢保证你的手势和眼神都使用得恰当、没有问题吗？还有，妈妈得再多念叨你一句，即使你再不高兴，也不能回家就摔打东西呀！这可不是好习惯！"

很明显，小舟和果果输球的原因，在很大程度上是出在缺乏到位的沟通和他的肢体语言运用不当上面，而小舟在生气时，也做出了一些不恰当的行为。可见，教孩子如何正确而恰当地运用肢体语言，是不容我们忽视的问题。

●教孩子学会文明、有礼的举止行为

有些孩子平时大大咧咧，一点也不注意自己的举止动作，比如，乱摔东西、爱对人动手动脚、动不动就抠鼻子等，这些不文明、不礼貌的行为，会使他给人留下不好的印象，进而影响他的人际交往。所以，我们要教孩子学会文明、有礼的举止行为，才会让他更招人喜爱。

我们平时可以在孩子做出不恰当的动作时，给他必要的提醒，也可以为他作出表率，让他在我们的身上学会什么叫文明、什么叫有礼，更可以鼓励他主动去接近那些举止从容、文明优雅的人，以激励他不断进步与成长。

●训练孩子优雅、挺拔、端庄的身姿

我们常会看到一些孩子站没站相、坐没坐相，就连走路也是问题百出，不是佝偻着腰、低着头，就是摇头晃脑、得得瑟瑟……这样的身姿，不但不利于孩子身体的健康成长，还会让他看起来没有朝气，失去了孩童的可爱。

因此，我们要提醒孩子，当他站立时，要收腹挺胸、两眼平视前方、双臂自然下垂、双腿直立，这样男孩才能站出他的挺拔与精神，女孩才能站出她的优雅与端庄。

当孩子坐着时，尤其是坐在公共场合里时，要注意将上身坐端正、头不要向后仰、男孩双腿间距大致与肩同宽、女孩双腿并拢、两脚自然着地，这样的坐姿才会给人以良好的印象。

另外，孩子走路时，我们要提醒他拔起腰板、双臂自然摆动、目视前方……以给人朝气蓬勃、积极向上之感。

●教孩子用面目表情和眼神说话

法国著名作家罗曼·罗兰曾说："面部表情是多少世纪培育成功的语言，是比嘴里讲的更复杂千万倍的语言。"

的确是这样，表情是一个人的气质和修养的外在表现，会随着心情的不同而发生许多微妙的变化。如果孩子掌握了这些变化的规律，就可以在恰当的时刻表现出恰当的面目表情，该喜则喜、该忧则忧……避免因面目表情不当而引起他人的误会。

所以，当孩子用他的面目表情向我们表达他的喜怒哀乐时，我们最好心平气和地去接受，不要抑制他，更不要因此而责骂他。

此外，“眼睛是心灵的窗口”，眼神的变化最真实，也最能表达出孩子的内心世界。因此，当他掌握了如何运用眼神表达他的心意时，他与人沟通的能力和言辞水平也就自然提高了。

所以，在孩子与人沟通时，我们可以建议他以大方、坦诚、尊重的眼光平视对方，不要躲藏、胆怯，或是上下反复地打量对方，更不要傲慢地无视对方，这样才能将他的友好正确地向对方表达出来，以加强彼此之间的沟通与交流。

当然，根据注视时间、注视角度、注视方位、注视方式的不同，眼神还有很多复杂的变化，也表达出很多不同的意思，我们可以专门找出相关的材料，与孩子共同研究。

83 微笑也是一种语言表达

微笑是世界上最动听的语言，是一种表达友好的信号，没有什么能比它更打动人的了。一个善于用微笑来面对周围一切的人，他同样会得到他人反馈给他的善意的微笑，而且还能赢得更多的发展机会。

在与人沟通时，如果孩子爱微笑、会微笑，不但可以弥补他言辞的不足，还可以让他显得更加聪明伶俐、活泼可爱，能使他在社交中无往不利，因为没有谁能拒绝一个孩子天真的、美好的微笑。

而且，对于孩子本身来说，微笑可以让他有个好心情，使他更有自信，会使他可以更好、更快乐地学习和生活。

但是，如果孩子不了解微笑的好处，也不会以微笑作为手段增进与他人的交流，就会显得他缺少与人沟通的能力、不合群。

雅雅是个不太爱笑的孩子，她马上就要上小学了，妈妈怕她不适应新环境，就想着提前带她到学校和教室里看一看。

她们在学校门前，遇到了几位同样与家长一起来提前做适应准备的孩子。通过与对方家长交谈，妈妈得知，其中有两个孩子竟然恰好和雅雅同班。妈妈对雅雅说："去与新同学打声招呼吧！将来你们就是在同一间教室里上课的同学了，要和睦相处呀！"

可是，面对那两位新同学友好的微笑，雅雅却显得有点无动于衷，脸上一点表情都没有，这让妈妈觉得很尴尬，也让那两位原本要与雅雅表示亲近的新同学对她"望而却步"了。

很明显，雅雅是个不善于言辞的孩子，而且她也不会用微笑表达她应有的礼貌和热情，如果她的这种状况得不到改善的话，她很可能在新的环境中交不到朋友，也不能尽快地融入到新环境中去。

那么，我们怎样做，才能让孩子掌握微笑这种特殊的语言表达方式，避免出现雅雅这种情况呢?

●用我们温柔的微笑感染孩子

为了能让孩子多多微笑，我们要多给他些肯定和鼓励的声音，并经常用我们的微笑去感染他。

比如，当孩子主动帮我们做家务时，请微笑着对他说："谢谢你，乖孩子！你帮了妈妈很大忙。"当他在某些方面表现出一点才华时，请微笑着对他说："真不错，孩子！只要你足够努力，你在这方面肯定会有更大的进步。"当他考试取得了好成绩时，也请微笑着对他说："我真替你高兴呀，孩子！你以前的努力没有白费，继续加油吧！"等等。

我们的用心和努力，一定可以让孩子也露出真心的笑脸，所以，请不要对孩子吝啬我们的肯定和鼓励，还有温柔的微笑吧！

●教孩子露出自然而真诚的微笑

发自内心的、自然的、真诚的笑才是最得体、最美好的微笑，也是能打动人心、让人产生好感的微笑。而那些假意的、奉承的、敷衍的笑，会让人觉得很不舒服，不能称之为微笑，也不利于孩子的人际沟通。

所以，我们要告诉孩子，微笑是对他人的尊重和礼貌，不能敷衍了事，更不能在他人面前发出冷笑或怪笑之声，这是失礼之举，会让人厌烦他，进而不愿意再与他交往。

●微笑也要看场合、分对象

微笑既然也是一种言辞表达的方式，那它与其他言辞方式一样，在运用它时，也要分清场合和对象。

因此，我们有必要提醒孩子，在一些庄严、肃穆、严谨的场合里，如丧礼等，是不宜微笑的，否则，就会让人觉得他没有教养、不知进退。

此外，当孩子的沟通对象心情很不好，处于盛怒或是悲伤中时，孩子也不宜露出微笑，否则，会让对方觉得他的微笑很刺眼，没有得到应有的尊重或同情，进而对孩子产生不好的印象，更不愿意再与他有进一步的接触。

84 要孩子学会给他人留点面子

许多孩子在与人沟通交流时，尤其是与自己熟悉的人或者好朋友说话时，常常陷入这样的一个误区：说话太无所顾忌、随心所欲，一点也不给对方留面子。

孩子在这样做时没有意识到，即使再好的关系、再深刻的友谊，也是要用心呵护的，也是要以互相尊重为前提的，容不得半点干涉和强求。否则，默契和平衡一旦被打破，彼此之间良好的关系就将消失得无影无踪。

一天，原本十分要好的莉莉和晓芙突然在下课时起了争执。原来，课上时老师留了一篇作文，题目是《我的爸爸》。

下课时，当同学们在一起讨论自己的爸爸时，晓芙却在一旁沉默不语。这时同桌的莉莉当着其他同学的面笑着对晓芙说："嘿！晓芙，恐怕这篇作文你写不了吧？你爸爸不是不要你和你妈妈了吗？"

她的话一下子就惹怒了晓芙，只见晓芙猛地从椅子上站了起来，红着眼睛大声对莉莉吼道："你知道什么！你爸爸才不要你了呢！"

听了晓芙的话，莉莉也生气了，马上开始反驳。就这样，两个好朋友大吵了起来。

两个好朋友间之所以发生激烈的争吵，主要责任在莉莉身上。她对朋友说话太随便，一点都不注意给对方留面子，在人前暴露了晓芙的家庭隐私、触碰了她的痛处，当然就会引起晓芙的反抗和敌视了。

因此，为了避免这种难堪又伤感情的事情发生在孩子的身上，我们有必要教孩子学会在说话时给他人留点面子，以提高他的沟通能力和言辞水平。

●不用言语触碰他人的隐私、揭对方的短

隐私被暴露人前，对任何人来说，都是一件十分不愉快的事情，难以令人接受，就连孩子也不会愿意在与人交流时，一下子就被揭了短，或被戳在痛处。

所以，孩子在与人沟通时，要注意尊重对方，千万不能拿对方的短处寻开心，也不能将对方的私密之事拿到"桌面上"来说，比如，对方学习成绩不好、长得难看、头脑不聪明、身体或家庭有缺陷等，这些都是孩子应该避免随口乱说的。

●最好不要直接反驳对方或揪人错处

孩子在与他人说话时，如果对方的意见与他不统一，或是对他有所要求，他不宜用生硬的言辞直接去反驳或是否定对方，这会让对方下不了台。此外，当对方在谈话时出现了语言或是观念上的错误时，他也应该避免急着去纠正对

方，否则，对方很可能会因此而感到羞愤，进而忌恨他。

那么，当孩子遇到不能答应对方的要求、与对方意见相左，或是对方有错的情景时，有什么解决的办法呢？

其实，最好的解决办法就是设身处地地为对方着想，以温和、委婉的态度化解分歧、提醒对方。比如，当对方向孩子提出要求时，他如果实在答应不了，可以在向对方解释原因、说明难处之后，请对方加以谅解；当对方意见与孩子的不一致时，他可以在倾听之后，找出对方意见的可取之处，加以肯定，再委婉地指出不妥之处，说明原因或疑惑，这样才能有与对方进一步沟通的可能，也会使对方心悦诚服。

此外，如果对方有错处，又需要加以提醒的，我们可以建议孩子用温和的语气点到为止即可，只要对方明白了，指正的话越少越好，而且不宜责备对方。

●不用刻薄的话去威胁或强求对方

有些孩子控制欲很强，总是想让他人听自己的，于是，他们会用刻薄、命令的语气去威胁、强求他人。孩子的这种态度和做法让人很不舒服，而且会令人觉得他太无理、太霸道，进而不愿与他继续交往。

所以，我们要告诫孩子，与人交往时要将心比心，要尽可能做到“己所不欲，勿施于人”，不能强行让对方按着他的想法去做事。

此外，如果他对对方有请求的话，也要看对方愿不愿意、能不能答应，如果对方面有难色，就不要再去强求了。

●不能只顾自己痛快，无视对方的感受

有的孩子总是喜欢在他人面前炫耀自己所具有的一些优势或长处，如相貌、家世、才学等。这样的孩子在说话时只图自己一时痛快，没有顾及到他人的感受，这会使一些条件不如他的孩子感到自尊心受到了伤害，进而对他产生敬而远之的想法。

所以，我们要告诫孩子，与人相处，贵在谦逊、真诚，如果时刻将自己放在高人一等的位置上，就不能与他人和睦相处了。

第八章
帮孩子改掉不良的说话习惯

俗话说:“习惯成自然。”孩子一旦养成了习惯,就变成了很自然的事情,恐怕就很难以改变了。如果孩子养成了不良的说话习惯,不仅会影响他的形象,还会因为表达不当而影响人际关系的发展。所以,我们一定要帮助孩子改掉一些不良的说话习惯。

85 孩子的言语粗鲁

当孩子言语粗鲁，时不时冒出几个粗俗的字词时，很多妈妈都会感到非常惊讶，甚至会非常着急，害怕孩子学坏了。其实，我们不必如此惊讶、着急，因为孩子很可能是受到了周围环境、周围人的影响才会变成这样的。

一般来说，孩子言语粗鲁与我们有很大的关系。比如，我们在心情不好或批评孩子的时候，可能会口无遮拦，甚至冒出几句粗鲁的言语，这不仅会伤害到孩子，还可能会成为他的负面教材。而且，随着孩子接触外界的范围越来越广，他很容易受到周围人或电视、网络、杂志等媒体的影响，进而去模仿那些粗鲁的言语。

另外，有的孩子认为，言语粗鲁才会显得威风，才会赢得周围人的佩服，于是便会盲目模仿。

无论孩子是出于何种原因才言语粗鲁，我们要想尽一切办法，帮助孩子改掉这种坏毛病，从而让他拥有良好的口才。

●不用粗暴的方式对待言语粗鲁的孩子

很多时候，当我们听到孩子的粗鲁言语时，总会不自觉地用粗暴的方式强行制止。事实上，这种方式是无法起到良好的教育效果的。因为，我们这样做不仅会伤害孩子的自尊心，还会强化他说一些粗鲁言语的行为。

对此，我们要提高自己的道德修养，注意自己的言行举止，为孩子营造文明、礼貌的言语环境。如果孩子说了粗鲁的言语，我们首先要平静地提醒孩子他做错了，如“我想你的话已经伤害到了 ××，如果你真的不想和他一起玩这个游戏，就应该告诉他你想玩什么，而不是说一些粗鲁的言语”，并告诉他“言语粗鲁是一种坏毛病，是不礼貌、不文明的表现，不但不会赢得周围人的佩服，反倒会遭到周围人的唾弃”，然后再引导他加以改正。

●提醒孩子换个词，再重新表达一遍

当孩子用粗鲁的言语说话的时候，我们不妨这样提醒他说：“我无法接受这样的言语，请你换个词，再表达一遍。”如此一来，孩子就会意识到自己说错了话，便会重新用正确的言语表达自己的意思。

对于年龄比较小的孩子来说，他可能一下子意识不到自己哪里说错了，那我们就可以直接指出他错在哪里，并引导他说出正确的言语。比如，孩子突然说“住嘴，你们全都滚开”，那我们首先要告诉他，这样的言语是粗鲁的，是没有礼貌的，然后再告诉他应该这样说“对不起，我想自己安静一会儿，请你们暂时离开，好吗”。如此一来，孩子就会慢慢改掉言语粗鲁的坏毛病。

●引导孩子向被冒犯的人道歉

妈妈和 8 岁的儿子坐在公交车上，由于车上非常拥挤，一个与他同龄的女孩不小心踩到了他的脚，他气呼呼地大声说：“你没长眼睛吗？”

女孩感到很委屈，低声说：“对不起，我的确没看到。”

妈妈觉得儿子说话太粗鲁了，便对他说：“你看，车上人这么多，难免会被踩到。如果是你不小心踩到了他人，人家对你说‘你没长眼睛吗’，你会不会很伤心？”

儿子低下头，小声说：“我是被踩痛了，才会那样说的。”

“不管是什么原因，说了没礼貌的话，就要向对方道歉。”

儿子转身对那个女孩说：“对不起，我刚才不应该那样说话。”

“把你踩痛了，我也很抱歉，是我不好。”

当儿子对女孩说了粗鲁的话时，妈妈立即给予了正确的教育，让他通过换位思考去体会女孩的感受，进而引导他向女孩道歉。

如果我们遇到类似的事情，也应该像这位妈妈一样，一方面让他认识到自己的错误，另一方面让他懂得换位思考，学会体会他人的感受，引导他向被冒犯的人道歉。

86 孩子爱“吹牛皮”

在生活中，爱“吹牛皮”的孩子并不少见。孩子往往会夸大自己的长处，高估自己的能力，有意夸大事实，希望达到让他人对自己羡慕或崇拜的目的，从而满足自己的好胜心和虚荣心。

放学路上，两个孩子你一句我一句地吹嘘了起来。

其中一个孩子说：“星期天的时候，我妈妈带我去游乐园玩了，坐了过山车和激流勇进，真是太刺激了。”

另一个孩子的口气更大了：“那有什么啊！我爸爸和妈妈带我去了水上乐园，我们还玩冲浪了呢，那个更刺激。”

“我妈妈是开着她的奥迪轿车带我去的，你呢？”

“我们家有两辆车，一辆宝马，一辆奔驰，我想坐哪一辆，就可以坐哪一辆。”

……

显然，这两个孩子并没有真实地谈论周末是如何度过的，而是互相比较谁去的地方更刺激，谁家的车子更好。

面对爱“吹牛皮”的孩子，我们应该如何做呢？有的妈妈认为，这是孩子天真无邪的表现，所以无须理会，顺其自然就好；有的妈妈认为，孩子是在说谎，所以必须要强力制止他的不良行为。

从心理学角度来讲，孩子正处于自我意识形成的阶段，需要自我肯定、自我欣赏，需要引起他人的关注，从而获得内心的满足。所以，孩子爱吹牛是一种正常现象。不过，如果孩子形成了爱吹牛的习惯，既不利于良好品德的形成，又不利于良好语言习惯的形成。

所以，面对孩子爱吹牛的行为，我们不能等闲视之，而是要寻找他爱吹牛的原因，然后再对症下药，从而帮助他克服爱吹牛的坏毛病。

那么，孩子爱吹牛的坏毛病是怎么形成的呢？一般有以下几种情况：

第一，受周围环境的影响。

如果我们本身有爱吹牛、说大话的坏毛病，孩子自然会受到影响。所以，我们要非常注意自己的一言一行，不要在孩子面前随意说大话，不要随意扩大孩子知道的事情，以免给他造成负面影响。

第二，孩子好胜心强。

有的孩子好胜心强，总希望自己比别人强。为了在与别人的比较中取胜，孩子就会通过夸大其词来压倒对方。

对此，我们首先要告诉孩子吹牛的危害，让他知道吹牛所要付出的代价。其次，我们要让孩子明白“人外有人，天外有天”，所以不必事事都要争第一；最后，我们要鼓励孩子多参加正当的比赛，让他通过比赛获得胜利，从而满足他的好胜心。不过，我们也要适当地对孩子进行挫折教育，让他坦然地接受失败和挫折。

第三，我们对孩子的表扬不当。

当孩子的耳边只有表扬声而没有批评声时，他就会片面地认为自己是最优秀的。为了展现自己“优秀”的一面，他就会在别人面前吹嘘自己。

对于这种情况，我们就要学点表扬孩子的艺术。比如，我们表扬孩子时，不要刻意夸大，而是要言之有物、理由充分；不要泛泛地说“你真棒”，而是要尽量多说他的哪些方面值得我们表扬；着重表扬他付出的努力，尽量淡化结果；表扬过后，指出他今后应该努力的方向；等等。如此一来，我们既满足了孩子的心理需求，又避免了他因表扬而翘起小尾巴。

第四，孩子错把想象当成了现实。

有的孩子总会把没影的事情编得跟真的一样，就好像他亲身经历过似的。这是因为孩子想象力丰富，生活经验少，认知能力不强，往往把想象与现实混淆在一起。这与孩子的年龄、心理特点有一定的关系。

针对这种情况，我们要帮助孩子区分想象与事实，多给他创造认识和接触外界环境的机会，多带他去认识周围的事物。不过，我们要特别注意一点，千万不要因为强调真实的事物而扼杀了孩子的想象力。

第五，孩子迫切希望得到他人的关注和认可。

有的孩子会认为，必须表现得格外出色才会吸引他人的关注，才会被他人认可。所以，他常常用夸大事实的方法来满足自己的表现欲。

对此，我们要发展孩子的自我认知能力，引导他正确地认识自我，不要让他太在意别人的评价，更不要让他为了得到他人的关注和认可而吹牛。

87 孩子说话连“讽”带“刺”

孩子天性单纯，有时会在言语间犯下忌讳，我们往往称之为“童言无忌”，所以就一笑了之。然而，如今的很多孩子受到了周围环境的影响，尤其是另类创意、非主流文字等影响，喜欢开玩笑，经常用比喻、夸张、暗示等手法对别人冷嘲热讽。结果，这份“童年无忌”越发令人汗颜。

9岁的佳明想加入年级的足球队，便找到足球队的队长天宇，诚恳地对他说：“我也想加入足球队。”

天宇反问：“你？你也会踢足球？”

“当然了，别看我比较瘦小，我的耐力可好了。”

“我看你就是个菜鸟（网络用语，指在某个领域不太拿手的人）。我们足球队可不想招那些踢得太臭的人。”天宇讽刺道。

佳明有些冒火，便说：“你没见我踢，你怎么知道我踢得不好？”

“看你那样，就知道了，你就别浪费我们的时间了，还是哪儿凉快去哪儿待着吧！”

佳明伤心地走开了，他的自尊心和自信心受到了挫伤。每当他站在教室的窗户旁，望着足球场上同学们的身影时，他都很想成为他们中的一员，但是他又没有勇气，因为他害怕听到那些连“讽”带“刺”的言语。

面对想加入足球队的佳明，天宇没有表示欢迎，反而说话连“讽”带“刺”，先是说他“菜鸟”，后暗指他“踢球太臭”，最后让他“哪儿凉快去哪儿待着”，这些带刺的话给他带来了很大伤害。

我们要培养孩子的口才，并不只是使他练就一副伶牙俐齿，更要提高他说话的质量，让周围人能够接受他的话，也愿意听他说话。所以，我们一定要教育孩子说话不要连“讽”带“刺”。

●了解孩子为什么爱讽刺人

孩子不是一出生就爱讽刺人，而是在成长的过程中“学”会的。一般而言，孩子爱讽刺人的原因大致有以下几种：

第一，受到父母的影响。

在日常生活中，我们经常会讽刺、挖苦孩子。比如，当孩子浑身脏兮兮地回到家时，有的父母就会对他说：“你可真够干净啊！”我们下班回到家，孩子主动给我们倒了一杯水，我们就会对他说：“哎呦，今天太阳打西边出来了。”

听到这样的言语，孩子会感到反感，会产生反抗情绪，以后还会脏兮兮地回到家，恐怕再也不会给我们倒水了。因此，我们一定要时刻检点自己的言行，不对孩子说讽刺、挖苦的话，而是多说积极、肯定、鼓励的话。

第二，孩子生活条件太优越。

如果孩子从小生活在比较优越的环境中，而我们又没有及时给他正确的教育，他就很容易滋生虚荣、傲慢的心理。比如，孩子经常穿着名牌衣服，当他看到那些穿着普通的同学时，就会表现出不屑的样子，甚至连“讽”带“刺”地说：“这么难看的衣服都敢穿出来，我真是佩服啊！”

对于这种情况，我们要防患于未然，即使家庭条件优越，也不要过分宠爱他，而是要让他领悟到幸福生活的来之不易、父母创业的艰辛。同时，我们也要教育孩子从小助人为乐，鼓励他把积攒的零花钱捐给残疾人、孤儿、贫困儿童。

第三，孩子得到了太多的夸奖。

如果孩子经常得到我们的夸奖，他就会认为，别人都不如自己，就会讽刺别人。比如，我们经常夸奖孩子的画画得好，当他看到同学的画不如自己的好时，可能就会讽刺道：“画的这是什么啊，我都不稀得看。”对于如何夸奖孩子的问题，我们在前面已经提到过。

总之，我们一旦发现孩子说话连“讽”带“刺”，就要分析其原因，并以正确的方法给予他引导，从而帮助他消除爱讽刺人的心理。

●告诉孩子，讽刺的语言很容易刺伤别人

很多时候，孩子喜欢讽刺别人，主要是为了取乐，为了获得一种控制他人或控制局面的快感，或者是为了显示自己的强大。然而，他们却不知道，他们说话连“讽”带“刺”很容易刺伤别人，甚至会“树敌”，遭受别人同样的“待遇”。

所以，我们要告诉孩子，在讽刺别人的时候，虽然过了把嘴瘾，获得了一点所谓的乐趣，但是却深深地刺伤了别人，而这种伤害甚至比肉体的伤害更严重，更难以恢复，正所谓“恶语伤人恨难消”，所以不要把自己的快乐建立在他人的痛苦之上。

88 孩子有不良的口头禅

口头禅一词来源于佛教的禅宗，本意是指只把一些现成的经验挂在口头，装作很有思想，却不用心领悟。这个词演变至今，泛指一个人在有意或无意间经常挂在口头上而毫无实际意义的词句。

在生活中，几乎每个孩子都有自己的口头禅，而口头禅的种类也是五花八门的。比如，当孩子遇到惊奇的事情时，就会说“哎呦”、“oh my god”等；与人交流常说“是吗”、“有意思”、“好玩儿”等。更可怕的是，孩子动不动就会把“我靠”、“白痴”、“滚开”、“神经病”等不良口头禅（当然还有脏话、“国骂”等）挂在嘴边。

最近，妈妈发现9岁的女儿经常说“蛋白质”。起初，妈妈并没在意，以为她是在开玩笑。后来，当“蛋白质”成为了她的口头禅时，不禁引起了妈妈的好奇心。

于是，妈妈问女儿：“‘蛋白质’是什么意思啊？”

“妈妈，你真是out了。”

“什么，out了？”

“就是你落伍了。蛋白质是网络用语，是‘笨蛋＋白痴＋神经质’的缩写。”

“你是从哪里学来的啊？”

“这么流行的语言，到处都能听到，听说了自然就会了。”

这时候，妈妈才意识到，孩子经常说的口头禅原来是骂人的脏话，而根源是网络。

在如今这个开放、复杂的社会环境中，孩子很容易受到电视、网络等媒体的影响，在不知不觉中就学会了说那些所谓的“流行语”。结果，不良的口头禅也就此诞生了。

孩子的一些不良口头禅虽然是在无意识中不自觉地形成的，但却是一种缺乏修养的表现，不仅会使他的人格魅力大打折扣，还会影响他的人际关系。所以，我们要尽力纠正孩子的不良口头禅，让他成为一个有礼貌、有修养的人。

●引导孩子认识到不良口头禅的危害

从一个人的口语习惯中，不仅可以折射出他的精神面貌，还可以反映出他的文化修养。我们要想帮助孩子改掉不良的口头禅，就要引导他充分认识到不良口头禅的危害。

我们可以让孩子换位思考一下：“如果你结识了一位新朋友，在交谈的过程中，他经常冒出一两句不堪入耳的口头禅，你对他的印象如何？你会有什么感想？”如此一来，孩子就会认识到不良口头禅是不文明、不礼貌的表现，会给别人留下不好的印象，也会遭到别人的反感。那么，孩子就会提高对不良口头禅的认识，并想办法克服它。

●鼓励孩子集中力量改掉使用频率最高的不良口头禅

如果孩子下决心改掉不良的口头禅，那么我们就可以让他先找出平时使用频率最高的口头禅，然后再鼓励他集中力量消灭它。只要孩子改掉了使用频率最高的不良口头禅，其他的口头禅就不难攻克了。

对此，我们要提醒孩子，说话的时候，要有意识地放慢语速，每当不良口头禅将要脱口而出时，就要立即关上“阀门”，让自己先暂时停顿一下，然后再继续说。此外，我们也可以让孩子在自己的房间、书桌上贴一张“切勿说不良口头禅”的纸条，从而时刻提醒他。

事实上，很多时候，孩子的不良口头禅已经习惯成自然了，往往自己讲了都没有意识到。这时候，如果周围有人及时提醒孩子，将有利于他改掉这一坏习惯。所以，孩子可以把自己想要改掉不良口头禅的想法告诉给周围的朋友，请求他们的帮助和监督。

●引导孩子换个角度去说“口头禅”

孩子爱说口头禅，那我们就可以抓住他的这一心理，让“口头禅”发挥它的正面作用，引导他换个角度去说“口头禅”。

平日里，我们要引导孩子多说一些有礼貌的“口头禅”，如“请”、“谢谢”、“对不起”、“不好意思”、“打扰了”等。如果孩子能够将这一类口头禅巧妙地运用于交谈之中，肯定会收到良好的效果。

89 孩子说话时有小动作

当孩子还没有具备良好的口语表达能力时，他可能会用肢体语言，特别是手势来表现自己所要传达的意思，从而起到表情达意的作用。可以说，如果孩子能够恰到好处地运用肢体语言，举止大方、体态自然，就可以为他的表达“加分”。

然而，很多孩子在说话的时候，不是大方、自然地运用肢体语言，而是频繁地做小动作，比如，身体不由自主地晃动；手不听使唤，拽衣角，抓耳挠腮，抠鼻孔，掏耳朵；双腿不停地抖动；等等。结果，这不但不会为孩子的表达“加分”，反倒会给他的表达“减分”。因为，孩子说话时有小动作，很容易让人觉得矫揉造作，给人留下不稳重、不大方的印象。

有一个男孩从不怕生，即使面对很多陌生人，他也能勇敢地发表自己的看法。不过，他有一个非常不好的习惯，就是经常一边说话一边抖动双腿。为此，妈妈经常说他这样的说话姿态是缺乏威仪的表现。不过，他却一直没把这当回事儿。

直到有一次，男孩参加班级演讲比赛，他在讲台上演讲得非常精彩，但是他却一边演讲一边抖动双腿，说到激动的地方还会拍拍手。到了同学点评的时候，其中一个同学说："讲得的确很精彩，但是他在台上不像一个演讲者，倒像是一个小丑在表演……"

最终，男孩没有获得演讲比赛的胜利。不过，他通过这次比赛彻底认识到了自己说话的坏习惯——爱做小动作。

可见，即使孩子讲得再精彩，如果他的行为举止不够自然、大方，经常做一些小动作，也无法得到周围人的认可。

另外，还有一种情况，如果孩子说话时有小动作，很容易引起别人的误会，使别人误以为他在说谎。

有一次，浩浩写完家庭作业后，就忘记把作业装在书包里了。当他来到学校后，老师问他："为什么没交作业？"

浩浩不由地紧张起来，手不停地拽衣角，说道："我把作业忘在家了。"

老师见浩浩有小动作，认为他在说谎，便追问："真的吗？没有骗老师吧？"

听到老师这样问，浩浩更加紧张了，开始用手摸鼻子，吞吞吐吐地说："我忘了把作业装在书包里了。"

"你让老师怎么相信你呢？"

"我可以现在就回去拿。"

老师见浩浩如此说，便没再追问下去。

老师之所以认为浩浩在说谎，正是因为他说话时动作过多，一会儿拽衣角，一会儿摸鼻子。也许，浩浩只是因为害怕被老师批评，所以心情紧张，而表现出来的就是小动作频发。

所以，我们要引导孩子明白，如果在说话的时候有小动作，不仅会影响个人形象，还会让别人反感，会引起别人的误会，所以一定要改掉这一不良习惯。同时，在平日里，我们也要多关注孩子说话时的小动作，并及时给予指正。

不过，有时候，孩子说话时的小动作也隐藏着玄机。所以，我们要从孩子说话时的小动作中看出他的心思，进而给予他合理的引导，而不要随便指正他的小动作。

美国《肢体财富》曾经列举了最常见的5种情况：

第一，时不时地用手遮住嘴巴。通常来说，这一类孩子内向、拘谨，无法与人分享内心的秘密。对此，我们就要与孩子平等交流，先建立信任，然后再引导他敞开心扉。

第二，不断地用手摸鼻子。这说明，孩子可能在说谎。因为，人在说谎的时候，鼻部组织会因充血而膨胀扩大，他就会因鼻子发痒而触摸。不过，我们也不能依此就断定孩子在说谎，还要注意观察他的言谈举止，多追问几次，然后再作判断。

第三，不断地揉眼睛。一般蕴藏着两个意思，一是感到疲乏；二是不同意对方的观点，想要发表意见。如果孩子属于第一种情况，那我们就应该先让他休息一下；如果属于第二种情况，那我们就要给他发表意见的机会和时间。

第四，不断抓头发或摸耳朵。这一类孩子心思细腻，还有些敏感，那些在别人认为是鸡毛蒜皮的小事，在他们看来就是大事。一方面，我们要特别注意在他们面前的言谈举止；另一方面，我们要想办法扩大他的心量。

第五，把手指放在双唇间。这说明，孩子可能在一边说话一边思考。对于这种情况，我们不要打扰、打断他，而是耐心地听他说。

90 孩子爱说脏话

看着孩子的表达能力一天天有所提高，我们都会为他的进步而感到高兴。

然而，有的孩子是出口成章，而有的孩子却是出口成“脏”。

按照孩子的心理发展水平来说，孩子说脏话的情形可以分为以下3种：其一，模仿性脏话，对于年龄小的孩子，他可能没有是非善恶的判断能力，那么当他听到有人说脏话时，就会觉得很好玩，在不知不觉中就学会了；其二，习惯性脏话，如果我们没有对孩子的模仿性脏话给予正确引导，那么他说脏话就会变成一种习惯；其三，有意识的脏话，当孩子理解了脏话的含义后，并会在特定的场合对特定的人说，这就是一种有意识的行为。

对于孩子而言，他最初说脏话可能只是觉得好玩，是一种无意识的行为，而一旦演变成了有意识的行为，就很容易把说脏话当成家常便饭。那么，即便孩子拥有再好的口才，也不会赢得他人的认可和欣赏。

面对爱说脏话的孩子，有的妈妈认为，这并不要紧，等孩子长大一些，自然就不说脏话了；有的妈妈将其视为洪水猛兽，严厉追问孩子是从哪里学来的，并强迫他许下“不再说脏话”的诺言。

事实上，这两种处理方式都不合理。因为，如果我们对爱说脏话的孩子放任自流，会让他的脏话泛滥成灾，再想纠正就很难了；如果我们对孩子太过严厉，甚至打骂他，可能会使他产生叛逆心理，越发爱说脏话，也可能会使他无法畅快地表达自我，导致语言障碍。所以，我们要冷静应对，引导孩子纠正说脏话的坏习惯。

一位妈妈讲到了自己的一段经历：

有一次，我带着8岁的美美去一个同事家玩，刚好同事家有一个6岁的女儿，两个女孩就玩了起来。

美美用橡皮泥捏了一只青蛙，同事看后觉得有趣，便对她说：“美美，你捏的青蛙太好看了，能教给我吗？”

美美很乐意地答应了，然后开始教我的同事捏青蛙。教了两遍之后，同事装作还是不会的样子，想逗逗美美，没想到她不耐烦地说：“笨得像头猪！”

听到这话，我尴尬极了，同事的表情也顿时定住了。随即，我把美美叫到身边，平静地对她说：“如果有人骂妈妈，你会怎么样？”

“我会很难过的。”

“美美，如果你经常骂别人，那别人肯定会骂妈妈的。”

“为什么呢？”

“因为我没有把你教育好，所以你才会说脏话。正如《三字经》中说的‘养不教，父之过’。所以，如果你不想让别人骂妈妈，你就不要骂别人，行吗？”

听到我这么一说，美美惭愧极了，低声说：“妈妈，对不起，我以后再也不骂人了。”

从此之后，我只要发现美美说脏话骂人，便会提醒她“我骂别人，别人就会骂我妈妈”。慢慢地，她改掉了爱说脏话的坏毛病。

如果我们也在为孩子说脏话而苦恼，不妨采用这位妈妈的方法。凡是一个爱妈妈的孩子，都不忍心妈妈受伤害，自然就会努力克服爱说脏话的冲动和欲望。

另外，当我们听到孩子经常说脏话时，一定要寻找他说脏话的原因，然后再对症下药。一般而言，孩子说脏话的原因大致有以下几种：

第一，孩子正处于爱模仿的阶段。

年龄比较小的孩子，具有很强的模仿力，但由于缺乏判断是非善恶的能力，所以听到什么就会模仿什么，而不是故意而为的。

对此，我们要净化孩子周围的语言环境。一方面，我们要提高自身的修养，注意自己的言语，不要说带脏字的话语；另一方面，我们要让孩子远离或少接触不良的环境，引导他结交语言文明的朋友，有目的地为他选择有益的电视节目，从而尽可能地切断他的模仿源。

第二，孩子为了引起父母的关注。

孩子都想得到父母的关注，当他发现自己说脏话会引起父母的轩然大波时，他反而会得意，认为自己掌握了一个引起父母关注的新花招。

对于这种情况，我们要做的就是尽量保持平静，让孩子觉得说脏话和说其他平常的言语没什么差别。那么，孩子就会看到，说脏话并不能引起父母的关注，自然也不再说脏话了。如果孩子还是照常说脏话，我们就可以采用美美妈妈的方法，用平静的态度、浅显的道理劝导他不说脏话。

第三，当孩子没有找到宣泄情绪的合理渠道时，便会口出脏话。

当孩子的内心有强烈的不满，却找不到合理的渠道进行宣泄时，往往会说出一些难听的话。对此，我们要让孩子明白，说脏话是一种不文明、缺乏教养的体现，根本无法宣泄内心的不满。同时，我们还要教给孩子宣泄情绪的合理渠道，如把内心的不满告诉父母或朋友、暂时离开令自己情绪波动的环境和人、做一些自己喜欢的事情等。孩子一旦学会了通过合理的渠道宣泄情绪，便不再口出脏话了。

91 孩子随意打断别人的话

“大人说话，小孩子不要插嘴”，这是我们教育孩子的口头禅。然而，在生活中，喜欢插话、随意打断别人说话的孩子并不少见。

我们几乎都遇到过这样的情形：当我们正和家人、朋友谈论事情的时候，孩子总会在一旁随意打断，一会儿说“陪我玩会儿”，一会儿说“我想吃东西”，一会儿又说“你们说的我知道”。

有的妈妈认为孩子随便打断别人说话，是一种非常不礼貌的行为。于是，这些妈妈就采用强制性手段，制止孩子打断别人说话的行为。然而，这并不是最明智的方法。

乐乐是一个思维敏捷的孩子，每当有人说话的时候，他总会随意打断别人的话，然后迫不及待地说出自己的想法。妈妈觉得他这样做是不礼貌的行为，便常常为此批评他，甚至还会当众责骂他。

结果，乐乐的自尊心受到了严重伤害。慢慢地，他改掉了随意打断别人说话的坏毛病，同时也失去了积极发表看法的好习惯。

乐乐原本是一个爱发表看法的孩子，但是却在妈妈的“教育”下，变得不爱说话了。当然，乐乐随意打断别人说话是不好的行为，但是妈妈也不应该采用强硬的手段“教育”他。

那么，我们应该如何做，才能既帮助孩子改掉随意打断别人说话的坏毛病，又不会影响他的表达欲和表达能力呢？

●针对不同情况，采取不同的教育方式

如果孩子是故意打断别人说话的话，我们就要制止他这种行为，并明确告诉他，这样的行为是不礼貌的。

此外，孩子之所以打断别人的话，还有其他一些原因，比如，孩子在独自玩耍或尝试做某件事情的时候遇到了困难，由于急于寻求帮助，便会打断别人说话；孩子对谈论的内容感到好奇，便会迫不及待地提出自己的疑问；孩子对谈论的内容产生了兴趣，想要发表一下自己的看法。对此，我们就要针对不同的情况，采取恰到好处的教育方式。

当孩子需要寻求帮助，或对谈论内容提出疑问时，我们不要当着别人的面责骂他，而是和他讲明，等谈话结束之后再帮助他或回答他的疑问。当孩子想要发表自己的看法时，我们可以在征得对方同意的情况下，给他一个表达的机会。

●提醒孩子，打断别人说话是不礼貌的行为

妈妈正在和朋友说话，7岁的女儿跑过来，大声对妈妈说：“妈妈，我要和您说件事。”妈妈没有批评女儿的无礼，而是耐心地对她说：“妈妈正在和阿姨说话，你这样打断我们的谈话，是很不礼貌的行为。所以，你要向阿姨道歉。”

女儿吐了吐舌头，对阿姨说：“对不起。”

“等我们谈完了，妈妈再听你说，好吗？”

“好。”说完，女儿就跑回了自己的房间。

无论孩子是出于何种原因打断别人的谈话，我们都要提醒孩子，打断别人说话是很不礼貌的行为，并引导他向对方道歉。如此一来，孩子就不会随意打断别人说话了。

另外，我们还要告诉孩子，如果有特殊的紧急情况，如感觉身体不舒服、发生了意外状况等，可以打断别人说话，不过，一定要在打断他人说话之前说一声“对不起”或“不好意思”。

●教给孩子一些插话的技巧

有时候，我们要一分为二地看待孩子随意打断别人说话的事情。因为，孩子有时候是因为想要发表自己的看法才会打断别人的话。对此，我们要教给孩子一些插话的技巧，既不会让孩子因插话而遭人厌烦，又能锻炼他的口语表达能力。

所以，我们要告诉孩子：在插话的时候，需要把握好时机，尽量在对方说话的间歇，或者是等对方简单表述完自己的观点之后，再顺着对方的话题展开，发表自己的观点；在发表观点的时候，不要表现得自以为是、心高气傲，而是要真诚、和善，要用对方能够接受的态度和语气，从而很好地避免别人的误解和反感。

第九章 给孩子传授说服他人的技巧

与人交往中，孩子可能会遇到需要说服他人的情况。说服也是一种表达，如果没有掌握技巧，那么说服到最后可能不是不起作用就是转而变成了争吵。所以，我们也要向孩子传授说服他人的技巧，这也同样是在培养他的好口才，使他的话语能真正让人心服口服。

92 教孩子找准突破口

要进入一栋大楼中的某个房间，首先就要找到大楼的入口，只有先进入大楼，才能再进行更仔细的搜索。说服他人也是如此，只有选准了突破口，才能更快地攻进他人的内心，找到对方感兴趣的事物，或者抓住对方的弱点，或者突破对方的防线，这样的说服才是成功的说服。

妈妈在学校门口接儿子放学回家，可当儿子背着书包出来时，妈妈却看到了他一脸的不愉快。妈妈关切地询问道："发生什么事了？"

儿子说："同桌有一套百科知识全书，我想跟他借来看，可他就是死活不愿意借给我，我好说歹说都不行。"

妈妈继续问："你是怎么说的？"

"还能怎么说啊？"儿子皱着眉头，"当然是恳求啊！可他就是不松口。"

妈妈想了想才说："你那样没有什么技巧地恳求，当然不具备什么说服力了。我觉得你应该试试找找突破口，比如从你同桌感兴趣的事物入手之类的。"

儿子认真想了想，过了一会儿他一拍脑门说："啊，他好像很喜欢看军事类的书，刚好爸爸刚给我买了一套军事小故事，我可以试试用这个跟他换。"

第二天，儿子找到了同桌，这次他没再反复恳求，而是先问道："我记得你也喜欢军事吧？我这里有一套全新的军事小故事，里面都是以前我们没看到过的，你要不要看？我可以借给你。"

同桌一听到"军事"两个字，眼睛立刻亮了起来。最后，儿子成功地用一套军事小故事从同桌那里换来了他想看许久的百科知识全书。

说话就是一个传递信息的过程，要将话说好、说明白，除了要用清晰的思维与流畅的语言，还要看是不是能将话说进别人的心窝里，真正打动他人的内心。

事例中的儿子之前的说话方式只是在将自己的意愿强加给他人，当然会遭到拒绝，而在妈妈的启发下，他学会了寻找突破口，从他人的兴趣入手，他当然能很轻松地说服对方，实现自己的目的。

所以，若要提高孩子的说服能力，我们就要教他找准突破口，能完美地说服他人，这也是孩子表达能力强的一种体现。

●教孩子从对方感兴趣的事物入手

前面事例中妈妈对儿子的建议，就是让他从对方感兴趣的事物入手，这才"帮"儿子实现了心愿，这就是投其所好的巨大力量。

在谈话中，没人不会对自己感兴趣的话题投入巨大的热情，如果在与对方谈话中，孩子能抓住他的这种心理，就有可能实现进一步的交流。

所以，我们要提醒孩子，如果是和自己相熟的同学、朋友，那么平时应该多关注一下对方的喜好；如果是和自己不太熟悉的人也可以通过聊天多了解对方的兴趣，如果再加上他流畅的语言表达，他就能将话说到对方的心坎上，从而和对方愉快相处。

●引导孩子学会抓住对方的弱点

有时候，对方的弱点也是交谈的一个突破口。尤其是在双方谈判的时候，抓住对方的弱点可以帮助我们更快地攻破对方的心理防线。所以，当孩子与人交谈时，我们要提醒他注意观察与倾听，找到对方在哪些方面不愿意多谈，这些方面也许就是他的弱势。

不过，我们也要让孩子注意的是，不能死抓住别人的弱点不放，尤其是不能利用弱点去攻击对方，否则会使他失去朋友。

●让孩子站在对方的角度去思考

换位思考可以让我们更好地理解交谈对方的心理，找突破口也可以用这个方法。当孩子想要说服他人时，我们可以让他从对方的立场多想想，比如，对方的优势是什么，都担心哪些问题，等等。也就是让孩子设想，如果自己处在对方的位置都会怎么想，如果是自己又可能会担心什么。很多时候，在面对某一问题时，人们在某些方面的担心是有相似性的，因此当孩子站在对方角度去思考时，他可能就会找到说服对方的突破口。

93 让孩子委婉地表达要求

现在的很多孩子都是独生子女，也是因为妈妈对他宠爱有加，所以他似乎已经习惯了他人对他的言听计从，想要说服他人时，他运用的往往都是“强迫”或者“半强迫”的方法。只要有不同于他的意见出现，他就会觉得不满，就会想要他人必须服从他，但由于表达能力还有待加强，因此被“惯”出来的任性促使他只能强迫他人接受自己的意见。

星期天，儿子跑到妈妈面前，很直接地就说：“妈妈，跟我去书店买书。”

妈妈听后，皱了皱眉就直接摇摇头说：“我不去。”

儿子惊讶于妈妈的拒绝，他问：“为什么不陪我去？”

妈妈说：“家里有好多衣服要洗，我还要打扫卫生，没时间。而且，你的要求太直接了，让妈妈听了不太舒服。”

儿子睁大了眼睛，可是依然不太明白妈妈的意思。于是，妈妈便解释道：“如果你想要别人帮你做什么，或者对他人有什么要求，这么直接且强势是不行的，会让听的人感到不舒服，更会有人因此而反感。表达一定要委婉，你的要求提出来以后要能让人接受才行，否则任谁都可以因为你的态度不好而直接拒绝你。”

妈妈说完，转身去打扫卫生了，儿子低着头想了想，然后又跑到了妈妈的身边，先是笑了笑，然后才说：“妈妈，我来帮您打扫卫生。我今天还想去书店转转，等我们做完了卫生，您能陪我一起去吗？”

听了这样的话，妈妈也笑了，拍了拍儿子的肩膀说：“嗯，这样才好，谢谢你的帮忙。等下我们做完了卫生，妈妈就陪你一起去。”

同样的要求，但是在不同的语言表达之下，就会产生不同的效果。这位妈妈的及时提醒，使儿子转换了最初的表达方式，这才让他的要求得以实现。

生活中，我们能看到很多类似的例子，孩子想要什么时，总是说得非常直接，享受得理所当然。但当他进入社会后，外人是不可能像家人一样对他这般顺从的，所以他就要学会委婉表达自己的要求，这样才能不会因为说话太“冲”、太直接而被他人所反感。

●提醒孩子先要以礼待人

在对他人提出要求时，一定要有礼貌，否则太过强硬或随便的态度，都有可能使对方因为不满而拒绝。

所以，孩子要注意的是，不管是对谁，只要是自己提出要求，就要以礼待人，礼貌是委婉表达的基础。“请”、“您”、“谢谢”这样的话语一定不要少，这样才能让对方感受到最起码的尊重，对方也会更乐于接受他的要求。

●引导孩子学会将话说“软”

委婉的意思，就是要不直言其事，而是要将话说得婉转、含蓄一些。有的孩子说话很冲，即便他的要求是合理的，但是他用很冲的态度将话说出来，却会带给人一种被逼迫感。所以，我们要教孩子学会将话说软，即便是有要求，也要降低声调、语气平和，多用询问的语气来征求对方的意见，这样对方才会更愿意接受。

●教孩子把握好委婉的"度"

有的孩子对委婉的度把握得不好，一说要委婉表达要求，他也许就会委婉得过了头，说半天都说不出自己的要求到底是什么。到最后，他自己说得累，别人听得也累，他的要求自然也无法实现。

因此，我们要告诉孩子，不能忘了自己委婉表达的初衷——那就是要说出自己的要求。不能说，他只顾着委婉，却最终忘记了自己到底想要求什么。孩子应该时刻记着自己头脑中的要求，他应该用委婉的语言将要求说出来，而不是将要求排斥在外。

94 教孩子含蓄地给予他人忠告

俗话说："忠言逆耳利于行。"能向对方提出忠告，表现的是我们对对方的关心，这本无可厚非。当然，直言不讳地忠告对方的确没错，这也算是一种好品质。可是有些时候，有些话不便直说，或者不能直说，如果这时候我们依然直言不讳的话，那么即便是再好的忠告，在对方听来，也会让他觉得难堪或者羞愧，从而拒绝接受。而这样直接的忠告，也可能会给他人造成伤害，从而影响人际关系。

而这一点也是孩子正需要学习的，有的孩子虽然是好心，但他的忠告在他人听来，却是无比的刺耳。

下课时间，同学们有的在室外活动，有的在教室里三三两两地说话。忽然，一个女孩大声对一个男孩说道："啊呀，你怎么能随便往地上扔废纸呢？这不是糟蹋了值日生的劳动成果吗？老师可是说不能乱扔垃圾的，你这就是不文明的行为！”话音刚落，那男孩立刻就站起来说：“要你管？！吵死了！”说完，男孩转身离开了，女孩也气鼓鼓地说要去告诉老师。

这也许是很多教室中都十分常见的一个场景，孩子们之间会因为这些小事而发生争吵与不快。但事例中的女孩没有恶意，她只要改变一下自己提出忠告的态度，也许那个男孩就不会表现得那么蛮横。如果女孩说：“这张纸是你掉的吗？如果是重要东西就捡起来吧，要是值日生当成是废纸扔了多可惜。”这样一说，男孩也许就意识到自己乱丢纸片的行为是错的，再加上女孩提到了值日生，他也就知道女孩是在提醒他要注意保持教室清洁。这样一来，前面那样的争吵就可以完全避免了。

如此来看，含蓄地向对方提出忠告，会给对方留点面子，他也就会更容易接受忠告，这样孩子的忠告才算是提得有意义。所以，我们要教孩子学会运用这种含蓄的语言。

●我们对孩子的忠告也要含蓄

有的孩子不会含蓄地提醒别人，其实是跟我们学来的。有的妈妈平时对孩子就是这样一番直言不讳，而且还严厉至极。于是，孩子就会认为在给人忠告时，就要用这样一种说话方式。即便他明白听见这样的话心里会很不舒服，但他还是会模仿我们的做法。

所以，我们平时在给孩子提出忠告时，就要用一种含蓄的方式，比如，不直接对他说，要他“赶紧看书，好好学习”，而是提醒他“你的梦想在向你招手，好好努力就可以实现”，这样一来，孩子就会受到梦想的鼓舞，从而自己主动去认真学习。

●提醒孩子要有宽容心态

当他人做得不好时，我们才会向他提出忠告，希望他能改掉毛病、弥补缺点，将该做的事情做好。孩子对于某些规则的执行是很“严格”的，比如，老师要求上课不能迟到早退，那么当有同学迟到早退时，他也许就会去给那位同学“忠告”，完全不顾那位同学是不是有什么其他的原因。而在这种态度下说出来的忠告，就会显得过于苛刻。

所以，我们提醒孩子要有一颗宽容的心，有些事也不一定非得死板地按照原则来，而要根据实际情况有所改变。尤其是不能死揪着别人的某一个小缺点不放，要给他人改正的机会，如果已经给了别人一次忠告，就不要总没完没了地提醒，否则忠告就变成了说教。

●教孩子用多种方式表达含蓄

要表达含蓄的忠告，除了说话的语气不要那么冲，说话的方式不要那么强硬之外，孩子还要掌握一些表达技巧。

比如，我们可以教他用双关的修辞手法表现含蓄，所谓双关，就是在一定的语言环境中，利用词的多义、同音等条件，让语句的表达具有双重含义，即“言在此意在彼”。像“春蚕到死丝方尽”就是一句双关语，表面看是在讲述春蚕，但实际上却是比喻人情深意长、至死不渝。运用这种方式来进行含蓄忠告，在他人听来，既保留了面子，又领会了精神，他接受起来也更加容易。

95 让对方从孩子的答案中选择

天气突变，女儿一个没注意感冒了，咳嗽发烧，脑袋也昏沉沉的。但已经病成这个样子了，女儿就是拒绝吃药，也不愿意打针。她吃药怕苦，打针怕疼，不管妈妈怎么劝，她就是不肯妥协。

看着女儿烧得满脸通红，嗓子都哑了，但还坚持不要吃药也不打针的样子，妈妈有些心疼，只得去给她倒水。正倒水的时候，妈妈忽然眼前一亮，接着她端着杯子回到了女儿的床边，温柔地问道：“乖啊，你是想吃药还是想打针呢？”

女儿想了想，竟然直接就说：“吃药，虽然苦，吃完了还可以吃糖，打针就太疼了。”妈妈笑着点点头，迅速地找来药片，喂女儿吃了下去。

两个星期后，女儿的感冒好了。这时她才想起来自己好像是很“勇敢”地把苦苦的药吃了下去，便问妈妈：“您是用什么方法让我吃下去的？我觉得我自己可不会那么主动。”

妈妈笑着说：“不过是给了你两个固定的选择，让你在我的答案里作选择，怎么选都是我‘有利’哦！”

这位妈妈就事先划定好了范围，让女儿从中进行选择，由于妈妈提出的两个选项都是要让女儿的感冒尽快好起来的方法，所以无论她选哪个，都会有助于她的康复。

从这个简单的事例中，我们可以看出，不论是向他人提出要求，还是要说服他人，只要能给出一个范围，列出几个选项，让对方去选择，那么无论对方选择哪一项，我们就都可以趁热打铁、顺水推舟。如果能恰当地运用这样的说服手段，那么说服他人就会省力许多，也能很好地达到自己的目的。

孩子说话总是很直接，他往往会蛮横地要求对方必须服从他的意愿，但这种没有选择与思考余地的说服，反而可能让对方越来越不服气。所以，我们要教孩子学会为对方设定选择范围、开列选择项目，从而增加自己说服他人的成功的概率。

●引导孩子先思考自己的目的

要采用这种为对方设定选择范围，孩子就需要明确自己的目的，也就是他为什么要劝服对方，他自己想要达到怎样的目的，当想清楚这些之后，他再为对方设定选择项时才不会盲目，也不会设定出反而威胁到自己最终目的的选择项。

●提醒孩子设定合适的选择项

所谓合适的选择项，就是对孩子实现自己最终目标有利的选项。因此，孩子在为对方设定选择项时，要从自己想要实现的目的出发，提出具体选项，使对方产生一种“必须要在这几个选项中选出一项”来的错觉，这样的心理在心理学上就被称为“错误前提暗示”。

但我们同时也要提醒孩子小心的是，千万不要设定相反的选项。还用吃药这件事来举例，如果问对方：“你是想要吃药还是想一直病下去？”这样的选项就是相反项，一旦遇到那种脾气很倔的人，他有极大可能宁愿赌气选择“一直病下去”也不愿意吃药。但这样的结果显然与说服者的初衷大相径庭。所以，孩子要设定的选项，不仅要给对方留有余地，也要给自己留下最终可收场的空间。

●设定的选择不要触及对方的底线

虽然让对方在孩子设定好的选项中去选择是个很好的说服方法，但是这个方法也并不是万能的。尤其是有的孩子思考得不太全面，所以在设定选项时，很容易就会触碰到对方的底线，要么是设定的选项是对方极其厌恶的事情，要么就是不给对方留一点回旋的余地，这样一来也许对方就会因为感觉受到了威逼而最终对孩子产生反感，说服自然也就随之失败。

因此，我们要提醒孩子在设定选择项时，要顾及对方的感受，毕竟他的目的是要说服对方，而并不是要将对方逼向绝路。

96 教孩子学会运用激将法

有些脾气急躁、性格固执、自尊心太强的人，听不得他人对自己的说教，无论别人说的是好话，还是不好的话，他都会排斥，不肯听取他人的意见。对于这样的人，要想说服他，最好的办法就是使用“激将法”。

所谓激将法，就是利用对方的自尊心和逆反心理中积极的部分，以刺激性的话或者反话，激起对方不服输的情绪，促使其发挥出潜能努力去做事的说服方法。

激将法是一种很巧妙的言辞技巧，因此，我们在教孩子使用这种方法去说服他人时，要让他看清楚对象、当时的环境和客观条件等，绝不能滥用，否则，不但说服不了他人，还可能会使他人对孩子的动机起疑心。

此外，孩子在使用激将法时，要注意掌握好分寸，不能太过着急，也不能过于迟缓，否则，不是“欲速则不达”，就是延误时机，“刺激”不到对方，也就达不到说服他人的目的了。

那么，我们如何才能教孩子学会恰当地使用激将法去说服他人，使他的言辞水平有所提高呢？

●教孩子想办法激起对方的雄心壮志

一天，小姨有事要出门，将茵茵5岁的表弟放在了她家，请茵茵的妈妈帮忙照顾一下。茵茵正好放假在家，于是，妈妈就让她领着表弟玩。

表弟太调皮，不听茵茵的话，她生气地跑到厨房，对正在忙着做饭的妈妈告状说：“妈妈，表弟把玩具撒了一地，我让他收拾，他不听我的！”

妈妈听后笑着说道：“你‘让’他收拾是在命令他，他当然不喜欢听了，如果你能激起他的好胜心，比如，你和他比赛，看谁收拾得又好又快，他可能就会听你的了！”

茵茵想了想，走回房间对表弟说：“表弟，咱们玩比赛收拾玩具的游戏吧！你肯定没有我收拾得好，也没有我收拾得快！”说完，她就开始动手收拾了起来。表弟一听，也马上投入了“战斗”，并说一定要比茵茵做得好。

结果，当妈妈来房间喊他们吃饭时，发现房间变得比以前还要整洁。原来，两个孩子不但收拾了玩具，还其他东西也都整理得井井有条。

茵茵听从了妈妈的建议，用故意贬低表弟的话激起了他的自尊心和好胜心，从而达到了说服他动手收拾玩具的目的。

激将法之所以有效，是因为它能激起人的自尊心、羞耻感和进取心，为了自己的尊严，为了不让他人瞧不起，对方会尽全力去做他原本不肯做的事情。所以，当孩子试图说服某些固执的人去做某件事时，不妨先用贬低的话，或者是能激起对方怒火的话去刺激对方，以激起对方的雄心壮志，为维护其自尊而战。

●教孩子正话反说，欲擒故纵

爸爸每天都很忙，希明特别希望他能有一天早点回家陪他，可他对爸爸说了好几次，爸爸都没有在意。

一天早上，希明对急着要出门的爸爸说："爸爸，您太辛苦了！要注意身体呀！虽然今天是我的生日，但您肯定没有时间回来陪我！我要把最大的一块蛋糕留给您，您晚上回来的时候要记得吃呀！"

听了希明的话，爸爸将已经迈出家门的一只脚又收了回来，回身看着希明愧疚地说："对不起，儿子！是爸爸太疏忽你了！今天我一定早点回家陪你过生日，好不好？"

希明是真心希望爸爸能早点回家陪他过生日的，但他怕爸爸忽视他的话，所以懂事地将心愿反着说了出来。虽然他不是故意要将正话反说的，也不一定懂得什么是激将法，但在不经意间，他使用了这一方法，而且成功地说服了爸爸，使自己的心愿得以实现。

可见，正话反说、欲擒故纵，是非常实用而又有效的说服人的方法。所以，我们在教孩子学习激将法时，要记得这一点呀！

●提醒孩子，使用激将法要因人而异

当孩子要运用激将法去说服他人时，最好先要对对方的心理和性格特点有所了解，否则他的激将法的效果将会大打折扣，甚至失去作用。

一般来讲，自负、任性、冲动、好感情用事、自尊心强的人，容易被别人的激将法所左右，而对那些谨慎、冷静、理智型的人，则不宜使用激将法。尤其是对有些多疑、缺少自信心的人，更不能使用这种方法，因为他会将孩子的话当成是对他的奚落和嘲讽，进而对孩子产生反感、怨恨等不好的想法。

所以，我们要提醒孩子，在使用激将法时要谨慎，要做到因人而异。

97 让孩子学会以退为进

以退为进，是道家思想中的一个闪光点，是一种非常有智慧的处世哲理。其中的“退”和“进”、看似矛盾，其实二者之间却有着密切的联系，而且在一定条件下可以互相转化，也就是说，很多时候“退”是为了更好的“进”，所以才有“弃车保帅”、“欲取先予”之法。

孩子在要说服他人时，如果懂得以退为进的说服技巧，不但能避免与他人的正面冲突，还可以扭转局面，使对方更容易接受他的意见和观点。因为他的退让，可以让对方尽情发泄情感、表露言行，使他能进一步了解对方、摸清情况，并针对其弱点进行有效的说服，从而达到出奇制胜的效果。

《史记·滑稽列传》中记载了这样一个故事：

楚庄王的爱驹死了之后，他十分伤心，命令群臣为这匹马发丧志哀，并要以大夫之礼为其厚葬。他的做法让大臣们觉得受到了侮辱，纷纷劝谏他不要这样做，楚庄王很生气，下令谁再劝阻他，就判谁死罪。

一名叫做优孟的宫廷艺人听说这件事后，跑进大殿，仰天痛哭。楚庄王看到吃惊地问他为什么哭成这样，优孟说：“这匹马是大王的爱驹，以楚国之大，想怎样做都行！现在却只以大夫之礼安葬，实在是太轻慢了！大王应该以君王之礼安葬它。”

楚庄王听后很高兴，问道："那怎么办好呢？"

优孟说："最好用雕琢的白玉做棺材，用精美的梓木做外椁，再建造一座祠庙，放上牌位，并追封它为万户侯。这样天下的人就都知道大王是轻贱人而贵重马的君主了。"

楚庄王一听，如梦方醒，于是就取消了厚葬那匹马的命令。

优孟用以退为进的方法，巧妙地说服了楚庄王，成功地劝阻了他的不明智之举，真是非常懂得劝谏之法的人呀！

由这则故事可以看出，用以退为进的方法去说服他人，要比只进不退的方法效果好得多，而且也更委婉、更有艺术性。所以，我们在教孩子学习说服他人的技巧时，也应该教他学会以退为进的说服方法，这既能帮他达到说服他人的目的，也可以提高他的言辞水平。

那么，我们如何才能让孩子学会以退为进的说服方法呢？

●教孩子心平气和地说出退让的话

孩子在用以退为进的方法去说服他人时，要做到沉稳、冷静，最好心平气和地说出退让的话，以免让对方误以为他在赌气，或是在讽刺。否则，双方的矛盾会升级，差距也会越来越大，意见也就难以融合了。当然，在这种情况下，孩子也就达不到说服对方的目的了。

此外，我们要告诫孩子，不要以命令的语气、高傲的神情去说服他人，而是要给予对方真诚、友好的态度，否则他的以退为进只会让人觉得虚伪，令人难以接受。

●要让孩子"进退自然，顺理成章"

当孩子正言辞激烈、精神亢奋地劝说着对方时，突然停下不说了，或者突然扭转态度表示愿意考虑或接受对方的意见，就会让对方觉得不可信，进而对孩子倍加小心，这样的话，孩子的以退为进方法又怎么能成功呢？

可见，孩子的退让不能生拉硬扯，也不能表现得太突然，更不能瞬间"短路"，否则会让人摸不到头脑，感觉不到真诚，觉得毫无道理，进而不放心或不愿意接受孩子的意见。所以，当孩子去说服他人时，最好要自然地、顺理成章地使用以退为进的技巧。

●告诉孩子，知己知彼方能进退有度

孩子以退为进地去说服他人时，要做到不卑不亢、进退有度。因为如果他过于忍让，对方就会趁机抓住他的弱点，他会因此而失去主动权，处于劣势位置。但如果他进攻的言辞过于强硬，一丝余地也不给对方留的话，就有可能会惹恼对方，使说服无法进行。

而要做到进退有度，孩子就有必要多了解一些对方的情况，这样他才能知道要退多少、进多少，并掌握好进退的时机。

●退要积蓄力量，进要迅猛有力

以退为进的目的最终还是要“进”，“退”只是在积蓄力量，等待时机，以便能一举取得“进”的胜利，说服对方。所以，我们要告诉孩子，“退”时要有耐心和对方周旋，以全面掌握对方的情况，抓住其薄弱点，而“进”时则要迅猛有力，最好一击即中，这样才能让对方妥协，从而认同他的意见。

98 教孩子学会以情动人、以理服人

天很热，女孩坐做在沙发上一边吃雪糕，一边看电视。爸爸还没有下班，妈妈一个人在厨房忙碌着，她发现酱油没了，就从厨房探出头对女孩说：“闺女，出去帮我买瓶酱油回来吧！”女孩没吱声，也没有动，就和没听见一样。

于是，妈妈又催促了一回，她这才懒洋洋地回答说：“我不去！天太热了！我不想动。”妈妈听后没有说什么，放下了手中的活计，自己出了门。

饭后，妈妈问女孩：“闺女，今天的菜好吃吗？”

女孩回答说：“好吃！”

妈妈又问：“厨房里热吗？”

女孩奇怪地看了妈妈一眼，回答说“厨房是做饭的地儿，有火，当然热了！妈妈您不是知道吗！”

妈妈看着女孩回答说：“是呀！我很清楚里面热得难受，可我还是每天都坚持给全家人做饭吃，而且还得在缺东少西的情况下急急忙忙地跑出去买。虽然辛苦，但我却很愿意能这样做，因为我爱这个家！”说完，她摸了摸女孩的头，站起身开始收拾起饭桌来。

听了妈妈的话，女孩低下了头。一会儿，她走进厨房，开始动手打扫了起来，并低声对妈妈说道：“妈妈，我先前错了，以后不这样了。”妈妈听后，笑了。

妈妈的晓之以理、动之以情，打动了女孩的心，她因此认识到了自己的不懂事，并真诚地向妈妈表达了自己的歉意。这位妈妈成功地进行了一次说服教育，也为孩子作出了以情动人、以理服人的表率。

实际上，以情动人、以理服人是比较常用的说服人的方法。人是有感情的动物，又非常注重讲道理，要想让人心悦诚服，就得言辞有情、有理，这样才能打动对方的心，使对方愿意听从自己的意见。

此外，“语为情动，言为心声”，人类语言所承载的信息，除了理性知识以外，就是情感信息，如果两者都没有了，语言就成了白开水，毫无味道，没有了任何的说服力和感染力，也就不能说服对方了。

所以，当我们传授孩子说服他人的技巧时，以情动人、以理服人的说服方法必不可少。否则，任凭孩子的言辞再华丽，表达再清晰，也会让听者觉得言之无物，无法产生认同之心。

那么，孩子怎样才能掌握以情动人、以理服人的说服他人的技巧呢？

以心交心，消除对方的心防

一般来讲，当听者知道对方有说服他的打算时，他会自然地产生防范心理。这时，消除他心防的最好方法，就是反复地给他一种友好的心理暗示，让他能明白所面对的人不是敌人，而是可以互相帮助的朋友。

所以，当孩子要去说服他人时，我们要提醒他，应该主动给予对方必要的关心和体贴，并委婉地表达愿意为对方提供帮助，这会使对方感到温暖，从而愿意接受孩子的意见。

替对方着想，以真情感化对方

“情自肺腑生，方能入肺腑”，我们要告诉孩子，只有那些有真情实感的言辞才能打动听者，让他有认同孩子的意见的可能性。

所以，孩子的说服言辞要平实，要有感而发，最好能切合现场的情景和气氛，符合对方的身份，并贴近对方的心理，以使对方可以对他的话产生心理共鸣。这就要求孩子多替对方着想，可以站在他人的立场上想问题、分析问题，并为之权衡利弊。

这样做，有利于孩子取得交谈的主动性，并能使对方自己作出取舍，对孩子坚信不疑。

说话要讲人情世故，不能胡搅蛮缠

孩子说出来的话，如果符合人情世故的要求，在情在理，不是在胡搅蛮缠的话，就会得到他人的同情与认可，从而有听取他的意见的可能。

因此，我们平时可以多讲一些人情世故给孩子听，并鼓励他通过看书、读报、倾听他人谈话等方式了解更多的人生道理，从而使他远离蛮不讲理，渐渐长大并成熟起来。

99 教孩子间接地提醒别人

在说服他人的过程中，有一个特别需要注意问题，即要注意维护对方的尊严，给对方留脸面。即使对方的观点或行为有差错，另一方也不宜直接点出，或加以指责和埋怨，否则很可能会使对方产生抵触情绪，不再愿意听取意见，甚至可能会导致双方产生新的、更为激烈的矛盾冲突。这个问题，我们也应该告诉孩子。

一天大扫除的时候，老师让陈鸣和史乐乐去水房打水，好让其他同学擦窗户用。可是，在去水房的路上，水桶的把手掉了，这让两个人发了愁。陈鸣想了想说："要不，咱们去别的班里借一个吧！"史乐乐回答说："别费事了！咱俩就凑合着抬吧！"

结果，灌满了水的桶特别沉，还容易洒水，两人根本就没法抬。陈鸣生气地说："你看你，多笨呀！我说去借一下你不听，现在麻烦了吧！"史乐乐听陈鸣说话口气不善，就生气地回了一句："你才笨呢！你说借，为什么不去借，现在来埋怨我！"这种话陈鸣当然不爱听，随后，两人在水房里吵了起来。

陈鸣之所以没能说服史乐乐，是因为他的说服言辞太没有技巧、太直白了。如果他能间接一点说，效果可能就会好得多。可见，我们如果想让孩子的言辞更具有说服力，并能避免与他人发生冲突，就有必要教孩子学会间接提醒别人的方法和技巧。

以自责的方式去提醒别人

以自责的方式去提醒别人，是一种很实用的间接说服人的技巧，会让对方不好意思，或是没有理由不同意孩子的意见。

以前面的案例为例，如果陈鸣在说服史乐乐时说：“都怪我，如果我刚才就去借个水桶来就好了！”相信史乐乐会很快接受他的意见，与他一起去借水桶了。

此外，孩子恰到好处的自责，不但可以提醒别人审视自己想法或观点里的不恰当之处，还会让他的言辞听起来很谦虚，所以，更容易让别人接受他的想法或意见。

以商量的口气提出建议

当孩子去说服别人时，如果他能以商量的口气向对方提出自己的建议，会使对方认真衡量他的意见，从而有听取他的意见的可能。

比如，还是以前面的案例为例，如果陈鸣在水洒了时说：“你看，咱俩的鞋都让水淋湿了，要不咱们现在去借一个水桶来？这离教室还有挺长一段距离呢！”史乐乐听后，一定会思考他的话，权衡其中的利弊，进而听从陈鸣的意见了。

商量的口气可以使孩子的言辞听起来更顺耳，因为他为对方留下了选择的余地，并没有强制对方的意思，当对方意识到了其中的利害关系时，就会选择对自己有利的意见了。

以赞美为手段达到提醒对方的目的

适当的赞美对方，不但可以使孩子的言辞显得很有礼貌，还会让对方觉得自己受到了尊重和理解，从而对孩子产生好感，这样一来，孩子的意见也就容易被采纳了。

比如，当孩子想向班里学习好的同学请教数学学习方法时，他可以先说：“你数学学得可真好呀！如果我能像你那样快速又准确地解题就好了！能不能将你的经验分享一点，让我也尝尝数学考得好的滋味呀？”

如果孩子这样说，不论对方有多么高傲、多么不耐烦，相信他很快就会被孩子说服，认真地给他介绍自己的学习经验了。

此外，在别人面前赞美第三方，也可以帮助孩子达到提醒对方的目的。因为当孩子赞美第三方时，对方已经能从他的言辞里听出什么是可取的，什么是不可取的了，所以，当孩子再向他提出建议时，他也就更容易接受了。

●通过重复对方的话，引起他的注意

在别人向孩子说出自己的想法或意见时，如果孩子有不同的想法，或觉得对方说的有漏洞、有错误之处时，可以用询问的语气和适宜的语调来重复一下对方所说的话，以间接地表达希望对方重视这些话，并给予证实之意。这样就会使对方对自己所说的话和观点重新进行审视，并加以修正了，而孩子也就巧妙地达到了提醒对方的目的。

在使用这种方法的时候，有一点需要孩子特别注意，就是要认真倾听对方的谈话，否则他就做不到重复对方的话了。

100 劝谏他人也可以用幽默

一次，幽默大师马克·吐温到某一城市的一家旅馆投宿。他的朋友早就对他说过，该城市的蚊子很多，而且又大又凶狠。

当马克·吐温在旅馆服务台登记手续时，恰好有一只蚊子在一旁“嗡嗡”地飞。他笑着对服务员说：“我早就听说贵城的蚊子十分聪明，果然名不虚传呀！它竟然会先来查看我的房间号，以便夜晚来饱餐一顿。”

服务员听了他的话，禁不住笑了起来，而且他也听明白了马克·吐温对他的暗示。他暗暗记下了马克·吐温的房间号码，并很负责地提前做好了一切驱蚊工作。当天晚上，马克·吐温睡得特别好，因为他的房间里一只蚊子也没有。

马克·吐温的幽默，使服务员心甘情愿地听从了他的要求，为他做好了驱蚊工作，使他拥有了良好的休息环境。可见，在说服他人时，幽默也是必不可少的重要元素。

对于孩子来说，幽默能使他的言辞具有无比的魔力，可以让人在会心一笑的同时，接受他的建议。尤其是当他对长辈进行劝谏时，幽默不但可以帮他达到目的，还可以使他受到长辈的喜爱。

晓晓的爸爸非常爱抽烟，家人劝说他好多次，他都没有将烟戒掉。这天，当他又到阳台上去抽烟时，晓晓跑过来对他说道："爸爸，我想要香爸爸，不想要臭爸爸！"

爸爸摸着她的头，笑着说："我是香爸爸呀！"晓晓皱着眉、捂着鼻子天真地说："可是，爸爸每次抽完烟后都会变得很臭！"

爸爸听了她的话后，哈哈大笑起来，说道："好吧！闺女！爸爸以后再也不抽烟了，总是香香的，好不好？"说完，他扔下了手中的烟，领着晓晓回了屋。

晓晓的话虽然听起来天真可笑，但正是这种属于孩童的幽默，才让她的爸爸接受了她的建议，决定戒烟了。

启蒙经典《弟子规》中讲："亲有过，谏使更。恰吾色，柔吾声。"意思是说，当父母有过错的时候，做子女的一定要劝谏，以使父母改正。子女在劝说父母的时候，表情要和悦，态度要柔和，语言要平缓，不能怒气冲冲地直接加以指责和命令，否则父母很难接受。

试想，如果上述案例中的晓晓，没有用话逗得爸爸哈哈大笑，而是直接上去指责他抽烟，或是过去抢夺他手里的烟的话，爸爸可能就不会接受她的建议了，而且，他还有可能因为觉得自己没有受到女儿的尊重而对她发脾气。

所以，当孩子去说服、劝谏他人时，如果他的言辞足够幽默，能够令人开心、逗人发笑，那么，他已经成功一大半了。

●主动示弱，引对方发笑

一天，淘气的小勇打碎了家里的花瓶，眼看怒气冲冲的妈妈就要抬手打他了。小勇一下子抱住妈妈的大腿，假装可怜兮兮地说："妈妈，我错了！请多打我几下吧！打坏了顶多上点药就好了，可千万不要把您给气坏了呀！"

妈妈看着他耍宝的样子，打也不是骂也不是，最后竟然被他逗的"扑哧"一下笑了。当然，她的气也消了，没有打小勇。

孩子的主动示弱或天真的"耍宝"是无往不利的"利器"，可以让他在成人面前显得更加弱小、更加可爱，而这也正是他们用以说服我们的特有的幽默手段。

当然，对于孩子的错误还是不能姑息的，该批评还是得批评，但在他的"幽默"之下，我们会更冷静、更理智地对待他的错误，能有效避免因我们在气头而对他做出一些不恰当的事情，如吼叫、苛责、打骂等。

●故作不知，让对方在笑声里自省

春秋时期齐国，齐景公在位时，刑律繁多而严苛，许多人都遭到了被砍脚的处罚，大臣晏婴想进谏，却害怕与齐景公起正面冲突，所以一直没能开口。

一天，齐景公问晏子："你住在市集附近，知道市集上什么东西贵，什么东西便宜吗？"晏子一听，觉得劝谏的机会来了。

于是，他装作信心满满地说："当然知道，市集上最贵的是假脚，最便宜的是鞋子。"齐景公听后哈哈大笑，说道："怎么可能是这两样东西呢？"

晏婴此时回答说："因为犯了错而被断脚的人比比皆是，鞋子对他们来说没用了，还不如假脚来得实用。"

齐景公听后，意识到了自己的错误，从而采纳了晏婴的劝谏，减轻了国家的刑罚。

晏婴劝谏成功的主要原因，在于他以故作不知制造出了轻松的气氛，用幽默的言辞，说明了严肃而重大的问题，从而使齐景公在笑声里得以自省。当孩子学会了这种幽默的劝谏方式以后，相信他说服人的言辞将更有力度。

用冷幽默来表达对他人的劝谏之情

一天，一位顾客在饭店吃饭时，在米饭里吃出了好几颗沙粒。他将这些沙粒摆在桌上给饭店服务员看，并很认真地对服务员说："这米饭里的沙粒还不算太多，至少没有超过米粒！"

听了他的话，服务员的脸一下子就红透了，他连声向这位顾客道歉，还给他重新端来一碗米饭，并向他说道："我们以后一定会注意这个问题，感谢您能监督我们的工作！"

这位顾客用自己的冷幽默，对饭店的不良服务作出了善意的批评和劝谏，使饭店人员真正意识到了错误。

孩子在劝谏他人时，也可以尝试这种方法，这会使他人心悦诚服。